Christian Ritter

Moderne Paare teilen sich die Frauenarbeit

Prosa bei Lektora

Bd. 29

Christian Ritter

Moderne Paare teilen sich die Frauenarbeit

Lektora

Lektora, Paderborn

Erste Auflage 2011

Alle Rechte vorbehalten
Copyright 2011 by

Lektora GmbH
Fürstenbergstraße 21 a
33102 Paderborn
Tel.: 05251 6886809
Fax: 05251 6886815

Druck: docupoint, Magdeburg
Covermotiv: Markus Freise
Covermontage: Markus Freise
Layout Inhalt: Lektora, Paderborn

Printed in Germany

ISBN: 3-938470-61-5

Gefahr!

Wie es moderne junge Menschen tun, saßen ich und meine Freundin Aygül uns an unseren Notebooks gegenüber am Küchentisch. „Du bist so lieb", sagte sie, kaum hatte sie bemerkt, dass ich einen ihrer Kommentare unter einem Musikvideo mit einem Like-Klick unterstützt hatte. Sie hatte noch nicht meinen Folgekommentar entdeckt, in dem ich mich über ihre Rechtschreibfehler lustig mache.

Um sie auch weiterhin davon abzulenken, kommentierte ich, wie es moderne junge Männer tun, stattdessen von nun an alle meine unbedeutenden Handlungen:

„Ich steh mal auf. Ich mach jetzt den Kühlschrank auf, mal schauen, was wir da haben. Kuck an, Eier! Ich nehme mir ein Ei. Ich esse das Ei jetzt."

Aygül googelte hektisch vor sich hin. Ich setzte mich wieder, pellte das Ei in aller Ruhe auf und führte es schließlich zum Munde. Wie es moderne junge Frauen tun, stieß Aygül abrupt und theatralisch ein „Oh – My – God!" aus und wedelte sich Luft ins Gesicht, als sie irgendetwas Erschreckendes im Internet entdeckt hatte.

„Lass das! Leg das weg! Das darfst du nicht!",

„Was? Wie?", entgegnete ich.

„Es wird dich umbringen. Das Ei. Das Ei wird dich umbringen."

„Was? Wie?", entgegnete ich.

„Dioxin! Dioxinskandal. Verseuchte Hühner! Leg das Ei weg! Leg es weg!"

Im plötzlich über mich einfallenden Adrenalinrausch schmiss ich das Ei in hohem Bogen in die entlegenste Zimmerecke und ging unter dem Tisch in Deckung. Ich zitterte vor Angst.

„Was machst du da?", schrie Aygül außer sich.

„Du musst es aus dem Haus schaffen. Sonst bringt es uns um ... steht hier."

Ich fasste meinen gesammelten Mut zusammen, nahm mir die Spaghettizange und näherte mich dem möglicherweise kontaminierten Lebensmittel, griff es mit aller gebotenen Vorsicht auf und trug es aus der Wohnung, aus dem Haus, auf die Straße, übergoss es mit Benzin und zündete es an.

„Grade noch mal gut gegangen", sagte Aygül, als ich schweißdurchnässt wieder am Küchentisch Platz nahm.

Außer uns vor Freude zogen wir fast synchron Zigaretten aus unseren Schachteln, rissen die Filter ab – für den echten Freiheitsflavour – und gaben uns gegenseitig Feuer. Wir geben uns immer gegenseitig Feuer, das haben wir mal bei Helmut und Loki Schmidt gesehen und empfanden es als einen unglaublichen Ausdruck ihrer Liebe. Hat ja auch recht lange gehalten. „Da sind wir dem Tod eben noch von der Schippe gesprungen", sagte Aygül, als sie eine weitere Zigarette an der verglimmenden ansteckte.

Zur Feier unseres Triumphs entschieden wir, unser Stammsolarium aufzusuchen und uns heute je eine halbe Stunde länger unter den legendären Bräuner 12 zu begeben – unter den Bräuner 12 darf man nur mit dem Sonnenanbeterpass XL, den es ab vier Besonnungen die Woche gibt, Ungeübte erleiden unter ihm Verbrennungen zweiten Grades.

Als wir zwei Stunden später nach Hause zurückkehrten, warfen wir unsere Schlaftabletten eine Stunde früher als sonst ein und gingen erschöpft zu Bett.

Am nächsten Tag stand unsere wöchentliche Routineuntersuchung an, bei der wir uns stets von oben bis unten ordentlich durchröntgen lassen. Jedes Mal bei einem anderen Arzt, sonst geht das leider nicht. Und den Kopf immer zweimal. Sicher ist sicher. Danach trennten sich unsere Wege. Aygül ging in den Wald, um Pilze für das Abendessen zu sammeln. Ich traf mich mit meinen Jungs auf eine Partie Federball in der Dorfturnhalle.

„Ihr solltet mehr rote Beete essen", erklärte uns Helmut, als wir uns nach dem Doppelmatch in der Gemeinschaftsdusche einseiften. „Das vermindert die Gefahr von Prostatakrebs. Regelmäßige Massage hilft auch. Man sollte da unter Männern ganz offen drüber reden, hat mein Therapeut gesagt."

„Das wird schon nicht so schlimm sein", antwortete ich, während ich mir konzentriert mit der Nagelschere einen aus der Art geratenen Leberfleck aus dem Unterschenkel schnitt. „Man kann ja auch überfahren werden", ergänzte Dieter. Wir anderen stimmten zu, wobei wir uns auch einig waren, dass die Gefahr, auf unserer Dorfstraße überfahren zu werden, doch eher stark gen Null tendiert.

Nach einer kleinen Weile Diskussion einigten wir uns darauf, dass es ausschließlich möglich ist, bei uns überfahren zu werden, wenn eine Frau oder – Dieter sorgte für die Ergänzung – wenn eine Frau ODER der zu 98 Prozent feminine und verkleidungsfreudige Sohn des Apothekers mit seinem oder ihrem Absatz in einem Gulliloch stecken bleibt und nicht mehr von der Straße herunterkommt, zeitgleich der Todesfahrer einem Herzinfarkt erliegt oder plötzlich seine Sehkraft verliert; dann könnte die arme Frau oder Jean-Claude Reitmeier überfahren werden, ansonsten ist es viel zu übersichtlich und außerdem ist Tempo 30 vorgeschrieben und es gibt alle zehn Meter einen kleinen Bremshügel.

In diesem Konsens verabschiedeten wir uns voneinander, voller Zuversicht, uns in der Folgewoche wohlbehalten wieder zu treffen, sofern die offizielle Sperrung der Sporthalle wegen Asbestbelastung nicht am Ende dazu führen würde, dass uns jemand den Schlüssel wegnimmt.

Zuhause angelangt, teilte mir Aygül mit, dass sie zu den wahllos aufgepflückten Waldpilzen als Beilage an Pommes frites gedacht habe, die ich zubereiten solle. Wie es moderne junge Paare tun, teilen wir uns nämlich die Frauenarbeit. Ich erhitzte die Pommes so lange und heiß wie möglich.

Während des genussvollen Verzehrs fragte ich unbedarft: „Was gibt es denn zum Nachtisch?"

Aygül setzte den Blick auf, den sie für erotisch hält und sagte: „Ich dachte an vorehelichen Geschlechtsverkehr mit einer Muslima." Ich nickte vorfreudig.

Sie ergänzte: „Ich muss heute außerdem noch mit meinem strenggläubigen Vater und meinen radikal-islamistischen Brüdern telefonieren. Ich dachte, das kann man gleichzeitig erledigen."

Während ich also wenige Minuten später unter ihr lag und Klebstoff aus einem Frischhaltebeutel schnüffelte, um auf Touren zu kommen, ruckelte Aygül mit dem Handy am Ohr auf mir herum und bestätigte ihrem Vater, dass sie selbstverständlich ihr Kopftuch trage – was nicht mal gelogen war.

Der Umstand, dass sie den Lautsprecher eingeschaltet hatte, erleichterte die Sache nicht grade, aber die Klebstoffdämpfe hatten mich in einen Zustand der Sorglosigkeit versetzt, der mir bis dahin nur von Pflegekräften in Altenheimen bekannt war.

„Was sind das für Geräusche?", donnerte es argwöhnisch aus dem Telefon. Aygül konnte ihren Vater erfolgreich glauben machen, dass sie gerade eine Dokumentation über die modernsten Beatmungsmaschinen auf Intensivstationen ansehe. Während sie danach mit ihrem Bruder mit dem ausgeprägten Narbengesicht telefonierte, drückte sie mir in regelmäßigen Abständen die Kehle zu, um meinen Lustgewinn zu steigern – und erzählte ihm, sie sehe eine Dokumentation über brutale Gänsemast. Er glaubte ihr, außerdem musste er sowieso zurück zum Hofgang.

Als wir nach der Korrespondenz und dem ungeschützten Liebesspiel bei einer Flasche guten tschechischen Absinths den Tag ausklingen ließen, machte Aygül den kühnen Vorschlag, man könnte vielleicht doch mal ein Ei essen, einfach so, ein bisschen Risiko im tristen Alltag.

Ich zog nachdenklich an meiner Crystal-Meth-Pfeife, blies den dicken Rauch ins schummrige Licht der Energiesparlampe und schüttelte nur angedeutet den Kopf. Aygül stimmte zu. Nein, Eier essen, das war uns nun wirklich zu gefährlich.

La curieux amitié franco-allemande

Je ne sais rien ...

... war der einzige Inhalt meiner letzten Französisch-Klausur in der elften Klasse.

Ich bekam eine sechs, erwartungsgemäß und einkalkuliert. Dazu gab es den Hinweis, dass selbst dieser Satz – „Ich weiß überhaupt nichts." – streng genommen falsch sei, denn ich wisse ja nicht überhaupt nichts, sondern lediglich überhaupt nichts über die französische Sprache. Es müsse also heißen „Je n'en sais rien." – „Ich weiß *darüber* überhaupt nichts." Ich hätte also eine sechs minus verdient, meinte Madame Schulz, die immer provokativ schwarz trug, wenn die Klassenarbeit einen schlechten Schnitt hatte. Unnötig zu erwähnen: Sie trug oft schwarz.

Es war für uns, die deutsche badische Dorfjugend, tatsächlich schwierig, einen gewissen Reiz zu verspüren, die französische Sprache zu erlernen. Laut unseren Schulbüchern taten französische Jugendliche nämlich den ganzen Tag lang nichts anderes, als für die Schule lernen und picknicken, zusammen mit ihrem Hund. Le chien, il aboit. Wouf wouf.

Dazu hörten sie von früh bis spät Rockmusik, Rockmusik ihres großen Idols Luc Tonnerre – der über all die Jahre nur einen Hit hatte: „Yeah, yeah, yeah, je suis Luc Tonnerre".

Natürlich fragten wir uns, ob es in französichen Deutschbüchern vielleicht ein Pendant dazu gäbe, den Ochsensepp vielleicht mit seinem One-Hit-Wonder „Jepp, jepp, jepp, i bin der Ochsensepp".

Große Bestürzung herrschte eines Tages in unseren Lehrbüchern, als der Kassettenrekorder der neusten Generation kaputtging. „Zut! Le magnétophone est cassé." Bestürzung allerorten. Was sollten sie nun anfangen mit ihrer reichlich bemessenen Lern- und Picknickzeit? „Mais Pierre le répare." Puuh. Da waren wir aber erleichtert. Augenblicklich fielen uns diverse gallische Hähne vom Herzen.

Im Vergleich aber ein ziemlich schlechtes Abschneiden. In den Englischlehrbüchern gab es Geistergeschichten auf dem Speicher, womit wir die Worte „attic" und „frightful" erlernten, Kate and her friends fuhren sogar im Alter von zwölf Jahren allein mit dem Zug an die Küste – und da küssten sie sich! Und bei den Franzosen geht der Kassettenrekorder kaputt. Ce n'est pas cool!

Darüber hinaus bekamen wir beigebracht, dass das Centre Pompidou, laut Buch vor zwei Jahren erbaut, das modernste Bauwerk ganz Frankreichs, Europas, ach was, tout le monde sei. Und nicht zuletzt, dass die Eltern der Jugendbande rund um Nicole und Pierre ständig und allüberall Wein konsumieren, der Anlässe gab es genug und bevorzugt wurde le Porto.

Auf dem Cover der dritten Ausgabe des Schulbuchs sah man drei Jugendliche abgebildet, die insgesamt zwölf Baguettes in Händen hielten. Das Backwerk tauchte auch auffallend oft im Inneren auf. Kam jemand zu Besuch vorbei, trug er stets ein Baguette unter dem Arm. Hatte er das Baguette mal vergessen, trug er zumindest etwas Baguette-ähnliches bei sich, eine zusammengerollte Weltkarte etwa oder ein Fernrohr.

Dies alles trug nicht unbedingt dazu bei, Stereotype abzubauen. Vielmehr verfestigte sich mit den Jahren das Bild des ständig betrunkenen Franzosen, der die Weinflasche höchstens mal für das tägliche Fünfgängemenü absetzt, oder wenn er in seinen verbeulten Renault steigt, um einen Ausflug nach Marseilles zu unternehmen.

Dann kam der Schüleraustausch, das muss etwa im Jahr Neunzehnhundertviermalzwanzigsechzehn gewesen sein, und die enfants aus la France bekamen die Möglichkeit, einiges grade zu rücken. Ich freundete mich schon am ersten Tag mit Marianne an, die mich tags darauf mit den Annehmlichkeiten von Zungenküssen und wiederum einen Tag später mit ihren Brüsten bekannt machte. „C'est l'amour, Christian." In Deutschland nennen wir so etwas „Schlampe".

Doch plötzlich war mein Interesse für die französische Kultur geweckt. Ich kaufte Marianne einen Frosch und briet ihn ihr. Sie machte daraufhin mit mir Schluss.

Vielleicht stimmt ja doch nicht alles, was man so hört. Nur eben die paar anderen Sachen, ich fasse mal eben zusammen: Die Franzosen sind ein schwitzendes, arbeitsscheues Volk von Alkoholikern mit mindestens einer Gauloise in jedem Mundwinkel, das den ganzen Tag nur eines denkt: *(l'amour, l'amour, l'amour, faire l'amour)*, das durch die Gegend hurt und es am liebsten mit italienischen Chansonsängerinnen treibt, unter Zuhilfenahme von Baguettes.

Wenn nun das alles stimmen sollte, muss ich zugeben: Im Grunde meines Herzens bin ich Franzose.

Frau Mann hat eine Katze

Frau Mann hat eine Katze. Eine Prachtkatze. Sie ist wohl genährt, hat ein goldglänzendes Fell mit dunkelbrauner Tigerung, saphirgrüne Augen und arrogante Züge um die Schnauze, wie sie zu Katzen passen.

Katzen dürfen eingebildet und egozentrisch sein, das ist ihr Vorzug gegenüber den stets subordinaten Hunden, die auch in eine Klärgrube springen würden, würde man ihr Stöckchen hineinwerfen, und immerzu ihr Herrchen allüberall ablecken wollen, ungeachtet Transpiration und aktuellen Ekzemen.

Katzen lassen sich umsorgen, sich füttern, kraulen, teuer impfen und entzecken – und danken es ihren Besitzern, indem sie sich selbst ablecken und Haarbüschel aufs Sofa kotzen.

Um Katzen zu mögen, muss man ein spezieller Mensch sein.

Frau Mann ist ein ganz spezieller Mensch. Sie mag ihre Katze nicht nur, sie liebt sie, mehr, als sie jemals einen Mann lieben könnte. Ihre Katze ist ihr Seelenpartner. Die Katze sieht das genauso, sagt Frau Mann. Sie zeigt sie gerne her. Geht Frau Mann auf die Straße, folgt ihr ihre Katze auf den Fuß. Trifft sie auf Passanten, sagt Frau Mann: „Sehen Sie meine Katze? Ist sie nicht ein prachtvolles Tier? Hat sie nicht ein herrlich schimmerndes, schillerndes Fell wie sonst keine Katze auf der Welt?" Manche Fußgänger antworten ihr nicht, manche aber bestätigen und sagen: „Tatsächlich. Diese Katze ist tiergewordene Schönheit. Ein wahres Schmuckstück! Sie sollten in Handarbeit einen Kalender mit Bildern von ihr anfertigen. Nicht monatlich, wie es jeder macht, nein, täglich ein neues Bild, das würde der Katze und ihrer unvergleichlichen Grazie gerecht. Sie können stolz auf Ihre Katze sein, Frau Mann." Das ist sie. Manchmal kommt es gar vor, dass sie gar nichts mehr sagen muss, wenn sie Leute trifft, die sie schon öfter mit ihrer Katze gesehen haben. Zur Begrüßung heißt es dann: „Oh seht, Frau Mann mit ihrer Katze. Bravo Bravissimo." Dann hebt sich Frau Manns Kinn wie von selbst, und wenn niemand mehr in Hörweite ist, sagt sie: „Siehst du, Katzi Katz, wir werden erkannt." Im Stillen hofft sie auf einen Artikel in der Lokalzeitung, leider hat noch kein Redakteur auf ihre Anfragen reagiert, aber sie bleibt dran.

Ohne ihre Katze könnte Frau Mann nicht, sie leben in einer Symbiose für die Ewigkeit. Ist die Katze krank, ist Frau Mann krank, schläft Frau Mann, schläft die Katze, hat die Katze Hunger, hat Frau Mann Hunger, und natürlich essen sie zusammen, jeden Mittag Schlag 12.15 Uhr. So auch an einem Freitag im Mai …

„Komm, Katzi Katz, komm!", säuselte Frau Mann und schabte mit einem Teelöffel die letzten Reste des Deluxe-Futters aus der Konserve. Sie richtete nicht in einem Napf an, nein, die Kategorie Geschirr, die Frau Mann ihrer Katze bot, tischt das gewöhnliche Volk nur zu besonderen Jubiläen auf.

Als Topping hatte sie eine Cocktailsauce angerührt und auch der Zweig Petersilie auf dem Tellerrand durfte wie immer nicht fehlen.

Lustlos schnurrte die Katze herbei und fraß, wirkte dabei weder anspruchsvoll noch edel, reckte nur ab und an den Kopf beim Kauen. Frau Mann staunte wie üblich über ihre Anmut. Als die Katze eine kurze Pause einlegte und sich die Pfote leckte, weil ihr grade danach war, sprach ihr Frau Mann zu: „Siehst du, Katzi Katz. Du isst Rind. So ein Rind ist zehnmal größer als du. Du isst es. Du bist das bessere Tier." „Richtig", sagte die Katze, aber vielleicht dachte sich Frau Mann das auch nur.

„Katzi Katz, wir gehen heute zum Frisör", sagte sie und verschwand im Badezimmer, um sich die Haare vorzuwaschen. Das importierte Futter frisst Geld, da kann man sich nicht mehr jeden Luxus erlauben. Mit dem Handtuch auf dem Kopf trat sie nach einiger Zeit wieder heraus und, ohne dass sie ein Wort hätte sagen müssen, folgte ihr die treue Katze auf die Straße. Sie passierten einen Handyladen, vor dem sich der Franchise-Nehmer mit Süßigkeiten auf Kundenfang befand. „Ohooo, Frau Mann geht zum Frisör", sagte er. „Und?", erwiderte sie mahnend. „Und sie hat ihre Katze dabei. Ein gar prächtig Geschöpf, Frau Mann, ihre Schönheit treibt mir Tränen in die Augen." „So ist es recht", sagte sie und setzte ihren Weg komplimenteheischend fort. Als sie den Wochenmarkt durchschritt, brandete kurz Applaus auf und man hörte es tönen: „Ein Hoch auf die Katze!", „Frau Mann kann.", „Cat Power!"

Was Frau Mann nie mitbekam, war der Stimmungsumschwung, der zuverlässig eintrat, wenn sie außer Sichtweite war. Der Wochenmarkt brach gesammelt in Gelächter aus, nur kurz nachdem sie ihn passiert hatte.

Beim Frisör schließlich musste sie nicht lange warten und bekam einen Schneideplatz zugeteilt. Eine neue Angestellte sollte sich um sie kümmern. Frau Mann fürchtete das Schlimmste.

„Hallo Frau Mann, ich bin die Jessy. Wie hätten wir's denn gern?"

Frau Mann packte eine wilde Wut, deren Ausbruch sie aber noch unterdrücken konnte. So sachlich wie möglich schilderte sie ihre Wunschfrisur. Fräulein Jessy verschwand und kehrte mit ihrem Scherenwagen zurück. Frau Mann hielt es nicht mehr aus. „Ich habe eine Katze", sagte sie.

„Schön, geht es ihr gut?", fragte Jessy.

„Sie ist hier. Sehen Sie sie nicht? Sie schnurrt mir um die Füße."

Jessy merkte auf und scannte den Boden mit ihren Rehäuglein.

„Da ist doch gar keine Katze."

„Sie sind neu in der Stadt, nicht?", fragte Frau Mann und sie bejahte.

„Ich denke, meine Katze hat sich zurückgezogen. Sie fremdelt gerne. Sicher macht sie ein Nickerchen unter dem Wartesofa."

„Aber sie hatten doch überhaupt keine Katze dabei, als sie hereingekommen sind."

„Kindchen, das werde ich wohl besser wissen."

„Ich habe doch gesehen, wie Sie –"

„Schluss jetzt! Hören Sie auf! Ich mag nicht mehr mit Ihnen kommunizieren. Machen Sie Ihre Arbeit! Verpassen Sie mir einen modernen Haarschnitt mit schiefem Pony und erzählen Sie mir, wer es in Hollywood mit wem treibt."

Fräulein Jessy, dezent eingeschüchtert von Frau Manns Ansprache, sagte kein Wort mehr. Sie schnitt, lockte und föhnte und gab beim Bezahlen keinen Hinweis auf ihr Trinkgeldschweinderl. Frau Mann verbrachte die Beschnittszeit ebenso schweigsam und kam erst wieder in Fahrt, als sie das Geschäft verlassen und bemerkt hatte, dass ihre Katze vor der Tür auf sie gewartet hatte.

„Komm, Katzi Katz, wir gehen nach Hause, hier waren wir zum letzten Mal." Auf dem Rückweg reagierte sie gereizt auf die Jubelrufe und anerkennenden Grüße.

Zuhause angelangt, öffnete sie gleich zwei Katzenkonserven, Thunfisch und Kaninchen, vermischte die Brocken hektisch auf dem Meißner Porzellan, stellte den Teller auf den Boden, ging in die Knie und begann zu fressen.

Merkwürdige Dialoge: Erziehung

Es: ABCDEFGHIJKL ... ABCDEFGHIJKL ... ABCDEFGHIJKL.
Ich: M!
Es: Waaas?
Ich: Nach dem L kommt das M.
Sie: Was erlauben Sie sich?
Ich: Ich erlaube mir, Ihrem Kind zu helfen.
Sie: Mein Kind braucht keine Hilfe. Es hat Ferien, da muss es nichts lernen.
Ich: M ...
Sie: Auch kein M.
Es: Was ist M?
Ich: Das kommt nach dem L.
Es: Mamaaa?
Sie: Der Mann redet Unfug. Warte ruhig, bis der Lehrer dir das erklärt. – Sie verstören mein Kind, sehen Sie!
Ich: Wir fliegen vier Stunden. In der Zeit wird es ja wohl das Alphabet lernen können.
Sie: Sie sind doch verrückt!
...
Es: Wir lernen jede Woche einen Buchstaben.
Ich: Und was macht ihr sonst?
Es: Spielen. Und den neuen Buchstaben schreiben. In Rot, in Blau, in Grün, und in Schreibschrift.
Ich: So wird das nix mit dem G8.
Sie: Was haben Sie gesagt?
Ich: Gute Nacht.

Es: Gute Nacht. Chrrrrrrrr.
Sie: Hören Sie auf, mein Kind zu Dummheiten zu verführen. – Hier, Mönchen, nimm mal Muttis iPad, da hab ich dir ein paar Märchen draufgespielt.
…
Ich: Sie können das Kind doch keine Märchen hören lassen.
Sie: Warum? Weil die mit M beginnen?
Ich: Nein, wegen der Gewaltdarstellungen. Märchen strotzen vor Gewalt.
Sie: Unsere Märchen nicht.
Ich: Ach? Welche Märchen haben Sie denn?
Sie: Das geht Sie gar nichts an.
Ich: Doch nicht etwa von den Grimms?
Sie: Natürlich. Welche denn sonst? Gibt es vielleicht noch andere?
…
Ich: Die Grimmschen Märchen sind die schlimmsten von allen. Bei der Edition der zweiten Auflage 1814 haben sie noch extra viele Gewaltszenen reingepackt, um die Moral zu verstärken.
Sie: Sie haben wohl Germanistik studiert.
Ich: Auch. Und Volkskunde.
…
Sie: Nazi!
Ich: Bitte?
Sie: Volkskunde, das klingt ja … das ist ja wohl nicht ganz koscher.
Ich: In Bamberg nennt man das noch so.
Sie: Und was studiert man da?

Ich: So einiges. Zum Beispiel Fußballfangesänge. Und Märchen. VOLKSmärchen. Mit viel Gewalt.
Sie: Die wird ja wohl jemand rausgenommen haben, wenn man sie bei iTunes in der Kinderabteilung kaufen kann.
Ich: Wetten, dass nicht?
Sie: Ich wette nicht. Dafür ist mein Mann zuständig.
Ich: Wetten, dass, wenn Sie jetzt bei ihrem Kind reinhören, eine Szene läuft, die Ihnen aus pädagogischer Sicht nicht zusagt?
...
Sie: Worum wollen Sie denn wetten?
Ich: Um einen Tomatensaft.
Sie: Gut, wetten wir. – Mönchen, gib mal den Kopfhörer.
... nahm Lunge und Leber heraus, und brachte sie als Wahrzeichen der Königin mit. Der Koch musste sie in Salz kochen, und das boshafte Weib aß sie auf und meinte, sie hätte Schneewittchens Lunge und Leber gegessen ...
Ich: Und?
Sie: Der Prinz heiratet gerade die Bauerstochter. Zufrieden? – Mönchen, hör mal lieber was anderes. Hier, Dornröschen, das klingt doch nett.
Ich: Stimmt. Das hat nur leichte Nekrophilietendenzen.
Die da: Darf et ein Jetränk sein?
Sie: Der Herr übernimmt meinen Tomatensaft.
Die da: Jetränke sinn all umsonst. Bitteschönn. Noch en zweited Jetränk dazuuu?

…
Sie: Sie wussten das mit den Getränken. Betrüger.
Es: Mama, ich will auch Tomatensaft.
Sie: Der schmeckt dir nicht.
Es: Ich will aber!
Sie: Der schmeckt dir niiiicht.
Es: Ich – will – aber
Ich: Lassen Sie sie doch. Sie wird schon daraus lernen.
Sie: Mischen Sie sich nicht wieder ein. Hier, Mönchen, trink.
Es: Iiiih. Der schmeckt nicht.
Sie: Hab ich doch gesagt. – Sie haben keine Ahnung von Kindererziehung!
Ich: Die Tüte ist genau vor dir, Mönchen.

Nordwärts

Es war ein heißer Sommer – damals – in irgendeinem Jahr des frischen Jahrtausends. Welches Jahr genau ist mir entfallen, auf jeden Fall eines, in dem irgendein hundertjähriger Hitzerekord gebrochen wurde. Es war ein Sommer, der so heiß war, dass Kleinstgemeinden eilig ihre Wälder abholzten und sich daraus Freibäder zusammenzimmerten, die Feuerwehren den Tag des offenen Schlauches einführten und die Rentner, sofern nicht im Besitz einer Klimaanlage, lieber starben, als zu mosern. So heiß war es, dass Hundehalter per Notstandsgesetz dazu verpflichtet wurden, Eiswürfel in einer Kühlbox mit sich zu führen, damit Lumpis Zunge und somit der ganze Lumpi nicht austrocknet. So heiß, dass im Wetterbericht jede Wolke ihren eigenen Namen bekam.

Von Gisela und Heinrich mussten wir leider allzu früh Abschied nehmen, heute konzentrieren wir unsere Hoffnungen auf Ivana, die sich zwischen Gießen und Marburg bildet. Drücken Sie die Daumen!

Fassen wir zusammen: Es war heiß.

Wir fuhren davon. Wir, das sind Utze, Helme, Herr Müller und ich. Mit der Stilsicherheit hatte es nicht ganz hingehauen, statt eines VW Bullis hatten wir einen Mercedes Sprinter in Silbermetallic geleast, aber die große Beinfreiheit machte den stilistischen Fehlgriff durchaus wett. zehn Minuten nach Abfahrt stellten wir fest, dass wir zwar ein

High-End-Musiksystem an Bord, die CDs aber zuhause vergessen hatten. Also mussten wir auf die abwechslungsreichen Moderationen im lokalen Radiosender abfeiern. Thema heute: Hitzefrei.

Wie das im Radio nun mal ist: Es wird sich eine Besonderheit des Tages herausgepickt und dann 20 Stunden lang darauf herumgeritten. Zum Beispiel der berüchtigte Brückentag, der Freitag zwischen Feiertagsdonnerstag und Wochenende, gerade in Süddeutschland häufig anzutreffen.

Für alle, die ausgerechnet heute am Brückentag arbeiten müssen, und für alle, deren gestrenger Chef ausnahmsweise ein Auge zugedrückt hat, die nun gemütlich zuhause den Brückentag genießen: Peter Maffay mit Über sieben Brücken musst du gehen, gefolgt vom Grand-Prix-Klassiker Ein Lied kann eine Brücke sein und gleich im Anschluss, aus den Neunzigern, die Red Hot Chili Peppers mit Under the bridge. Für einen fröhlichen Brückentag!

Genauso war es in diesem Sommer mit der Hitze. Tag für Tag. Hitze hier, Hitze da, es ist heiß, heiß, heiß, was eine Neuigkeit! Es wurden Songs heruntergenudelt wie *Here comes the summer sun*, *It's a hot hot summer* oder das legendäre *Sunny* von Boney M.

Herr Müller war der Verzweiflung nah: „Ich kann dieses ständige Gelaber über die Hitze nicht mehr hören. Hoffentlich läuft bald einer Amok, damit die wieder ein anderes Thema haben." Wir einigten uns einfach darauf, dass das Wetter von nun an busintern tabu sei. Herrn Müller noch mehr aufzuregen, wäre nicht grade die beste Idee gewesen, er fuhr nämlich. Als er erfuhr, dass er fuhr, kurz vor Abfahrt, er hatte den kürzesten Strohhalm gezogen, war es vorbei gewesen mit der guten Laune. Fahrer im Allgemeinen entwickeln eine seltsame Humorunverträglichkeit, wenn um sie herum Dosenbier getrunken wird. Herr Müller bestrafte uns damit, dass er sein Hemd auszog. Sein üppiges Rücken- und Schulterhaar ließ auch wirklich jeden Anflug von Reiseromantik im Keim ersticken. Auch seine Truckermütze mit dem Schriftzug „Hawaii" half da nicht viel weiter. Draußen fuhr ein Schild vorbei: Hamburg 312 km.

Auch wenn wir nicht mehr über die Hitze reden wollten, war sie doch der Grund, weshalb wir überhaupt unterwegs waren. Wir wollten weg von ihr. Wir wollten ans Meer, oder darüber hinaus. Ein konkretes Ziel hatten wir nicht, unser Ziel war der Norden – Nordsee, Ostsee, Kiel, Sylt, Amrum, Dänemark, Schweden, wo wir eben landen würden. Von unserem Standpunkt aus betrachtet, eh alles ein Brei: nah am Wasser gebaut und bis auf ein paar Dünen ziemlich berglos. Unendliche Weiten, von Leuten besiedelt, die auch abends „Moin" sagen, abwarten und Tee trinken. Der Norden. Wenn da keine s-teife Brise weht, wo sonst?

Der nächste Hitze-Hit: Summer moved on.

Herr Müller schlug das Radio aus. „Und wenn die jetzt 'nen Stau durchsagen?", fragte Utze. Bedrohliche Stille. Wäre mein Freundeskreis ein amerikanischer Kifferfilm, wäre Herr Müller der Typ, der seit Jahren stoned auf dem Sofa liegt, alle beleidigt und irgendwann die Katze toastet. Der, von dem alle glauben, ein anderer hätte ihn mal angeschleppt, aber im Endeffekt weiß niemand, wer er wirklich ist und woher er kommt. Er ist eben einfach da. Er ist einfach da und fährt den Bus nach irgendwo – und sagt Sätze wie „Wenn ich fahre, gibt's keinen Stau."

Er wirkte zwar recht überzeugt, an der Unumstößlichkeit seiner These war jedoch zu zweifeln. Fünf Minuten nach Aussprache wurde sie falsifiziert. Wir fuhren auf einen der größten A7-Staus auf, den Deutschland jemals gesehen hatte, sagte der Radiosprecher, als wir ihn wieder zu Wort kommen ließen. Siebenundsechzig Kilometer, weiter wachsend. *Und das bei dieser Hitze. Der nächste Song, in leiser Hoffnung: Let it rain.* Wir befanden uns im niedersächsischen Niemandsland zwischen Göttingen und Salzgitter, da, wo die Orte genauso wie ihre Bewohner höchstens zweisilbig sind: Dassel, Einbeck, Seesen, Goslar. „Und jetzt?", fragte ich. „Jetzt warten wir", sagte Herr Müller. Er machte den Motor aus, zog sich seine Mütze ins Gesicht und kippte den Fahrersitz nach hinten. Wir warteten.

Utze, Helme und ich stiegen aus und suchten Kontakt zu den anderen Reisenden, die die Umstände als solche weniger locker nahmen als wir. Als ob man den Stau auflösen könnte, indem man sich nur engagiert genug über ihn aufregt. Mit einer Ausnahme: Etwa 30 Meter vor uns stand ein Leichenwagen. Der Fahrer, sonnenbebrillt, die obere Hemdhälfte geöffnet, lehnte an der Beifahrertür und rauchte. Eine Nebenstehende sprach ihn an:

„Ein bisschen mehr Pietät würde Ihnen gut stehen."
„Hä?", fragte er höflich nach.
„Sie stehen hier so lapidar und rauchen."
„Was soll ich denn sonst machen?"
„Respekt vor dem Toten zeigen."
„Ach so. Er hätte es so gewollt."
„Was?"
„Lungenkrebs."
Sie sagte nichts mehr. Wir schnorrten ihn um eine Zigarette an und wanderten weiter.

Für zwei Stunden wird erst mal gar nichts weitergehen, entnahmen wir den überall quakenden Autoradios, mindestens. Ein Laster war umgekippt und hat seine Ladung auf der Autobahn verteilt: Honig. „Honig auf der Autobahn. Das ist sooo krank, das kann man sich nicht ausdenken", gluckste Helme.

Nach ein paar Minuten Fußmarsch erreichten wir einen Rastplatz. Kein Klohäuschen, zwei Holztische und halbe Baumstämme als Bänke. Daneben ein Stück umzäunte Wiese, auf der sich ein einzelner großer Baum der unbarmherzigen Sonne entgegenstreckte. Darunter: Schatten. Herrlicher, kühler Schatten, bislang nur besetzt von zwei minder attraktiven Frauen in unserem Alter, die ihre Konversationsart offensichtlich ihrem regelmäßigen Konsum von Castingshows zu verdanken hatten. „Ich muss einfach hart an mir arbeiten", sagte die eine. „Du bist eine starke Persönlichkeit", bestärkte die andere, „und das weißt du auch", und drückte ihre Hand ganz fest. „Wir müssen einfach 120 Prozent geben, dann schaffen wir das", ergänzte ich und setzte mich neben sie. Helme und Utze folgten. Die Damen zeigten sich von meinem Beitrag unbeeindruckt, sie waren mittlerweile in einer innigen Umarmung versunken, weinten und sagten sich gegenseitig, was für großartige Menschen sie doch seien. Das Szenenbild schien für einige Minuten still zu stehen, als wären wir Improtheaterspieler und hätten einen Freeze bekommen. Freeze, was für ein herrlich eisiges Wörtchen. Ich schloss die Augen und schleckte im Geiste ein Magnum, das seinen Namen verdient hatte, groß wie ein Tennisschläger.

Es rumpelte und polterte. Ich bemerkte, dass sich ein humaner Auflauf gebildet hatte, der sich von der Autobahn in unsere Richtung schob. Wie Zombies nach Menschenblut, gierten die Überhitzten nach Abkühlung – unter unserem Baum. Wir ließen sie gewähren und es kam, wie es kommen musste – auf knapp zwanzig Quadratmetern:

Wir lagen auf- und untereinander, geflochten wie eine Strandmatte, und freundeten uns sukzessive an. Ein süßlich-beißender Geruch zog schubweise vorbei, je nachdem, wer sich grade bewegte. Es war glitschig. Wir fühlten uns wie zusammengepferchte Aale in einem Wassereimer, nur ohne Eimer, und ohne Wasser. Trotzdem angenehmer als drei Meter weiter in der Sonne zu stehen.

    Ich befand mich in unmittelbarer Nachbarschaft zu Utze und Helme und einem der Mädchen, die eine starke Persönlichkeit haben, Sabine, ich lag auf ihrem Bauch. Auf meinem Oberschenkel Klaus, ein Trucker. Er war etwa 50, trug nur seinen Vollbart und eine glänzende, rote Sporthose mit drei Streifen, Jahrgang 1974, schätzte ich. Sie lag ihm knapper an als jede Badehose, die ich jemals getragen habe. An ihn anliegend der Bestatter. Er rauchte mittlerweile Pfeife – und bot seinem Umkreis an, auch mal einen Zug zu nehmen. Klaus war sofort dabei, zog, hustete, hustete, zog, hustete, hustete, hustete, sagte „geiles Zeuch" und reichte weiter. „Ich paffe nur, wenn das okay für euch ist", sagte Sabine. Eine denkbar unnütze Aussage, dachte ich, hielt aber vornehm den Mund. Sabines Bauch diente mir immerhin als recht komfortables Kopfkissen. Sie war Programmiererin, hatte sie erzählt, und ernährte sich wohl dementsprechend. Ich wollte keinen Stress mit ihr.

    Die Zeit verging. Das Pfeifchen war mittlerweile zum zweiten Mal an mir vorüber und ich zunehmend von der Haarpracht von Didier fasziniert, einem Franzosen, der sich einen Afro auf seinen Kopf gezüchtet hatte, um dann nach Deutschland zu fahren und im Stau zu stehen. Er lag genau in meinem Blickfeld, wenn ich den Kopf nach rechts wandte. Diese Haare, tausende von einzelnen Keratinfäden, jedes für sich gekräuselt und unzähmbar, in der Gesamtheit aber ein über die Jahre dahin getrimmter Ballon, eine dauerhafte Trockenhaube. Die Perfektion. Ich musste sie berühren. Mein Arm war unter Sabine eingeklemmt. Ich begnügte mich also damit, mir vorzustellen, sie zu berühren, und es fühlte sich gut und flauschig an wie ein frisch gebadetes Meerschwein nach dem Föhnen. Ich schloss die Augen und kam mir selbst flauschig vor. Plötzlich ereilte mich eine schockierende Erkenntnis, die ich unmittelbar den Umliegenden mitteilen musste: „Es gibt nur zwei Menschen, die schon seit Ewigkeiten tot sind und trotzdem jede Nacht im Fernsehen kommen: Hitler und Bob Ross." „Ja, man sollte Maler werden", ergänzte Klaus. Das war das Letzte, was ich wahrnahm, bevor ich in seligen Schlaf versank.

Herr Müller weckte mich mitten in der Nacht, indem er mir zärtlich ins Ohr säuselte: „STAU AUS!" Wenn das nicht mal eine passende Boulevardschlagzeige wäre. Ehe zertrümmert, Baby da, Lappen weg, Stau aus, es reiht sich hervorragend ein, Herr Müller hat Talent. „Wie lange habe ich geschlafen?", fragte ich, um mich blickend und bemerkend, dass ich allein unter dem Kuschelbaum zurückgelassen wurde. „100 Jahre, Dornröschen", gab Herr Müller zur Antwort und zerrte mich gen Gefährt und Gefährten. Es war noch gar nicht Nacht, fiel mir auf, es war früher Abend, allerdings entschieden zu dunkel für diese Tageszeit. Der erste Tropfen lenkte meine Aufmerksamkeit nach oben, wo die graue Armee der Wolken das Schlachtfeld des Himmels für sich erobert hatte. Binnen Sekunden steigerten sich die ersten Regenvorboten zu einem gigantischen Niederschlag, der seinem Namen alle Ehre machte, indem er mich beim Endspurt von den Füßen riss. Nach länger anhaltender Trockenheit bildet sich bei einsetzendem Regen ein gefährlicher Schmierfilm auf dem Asphalt – lernt man schon in der Fahrschule. Bis auf die Innereien durchnässt erreichten wir schließlich den auf dem Seitenstreifen platzierten Bus, enterten und reihten uns in den langsam anrollenden Verkehr ein, den Verkehr gen kühlen Norden. „Wieso fahren wir überhaupt weiter?", merkte Utze von der Rückbank aus an, „das ist ja jetzt ziemlich überflüssig."

Herr Müller antwortete, indem er das Radio hochdrehte. Stumm ließen wir uns unserem sinnlosen Schicksal entgegenfahren, Travis sangen *Why does it always rain on me* und draußen fuhr ein Schild vorbei: Hamburg 290 km.

Aquaplaning

Kaum, dass ich mich mit Vorsicht ins übertemperierte Badewasser habe ganz hineinrutschen lassen, bemerke ich, dass ein essentielles Utensil fehlt. Die Weinflasche steht parat, die Zigarillos harren ihrer Verknappung, der Plastikaschenbecher schippert im Wellengang über meinem Gemächt, der CD-Spieler gibt die jüngsten misanthropischen Ergüsse Jochen Distelmeyers, das Mobiltelefon schweigt still in der Seifenschale – nur: Die Seife fehlt.

Was bringt ein Vollbad ohne Seife? Das passt nicht, da fehlt doch was. Das Yin und Yang ist aus dem Gleichgewicht, ein Vollbad ohne Seife! Das ist ja, das ist ja, also, mir fehlen die Worte.

Man stelle sich vor, man bekäme eine Kugel Haselnusseis ohne Waffel. Wie soll man die denn essen, da macht man sich die Hände ganz dreckig! Und wenn man nachher die braune klebrige Pampe an arglosen Passanten abwischt, beschweren die sich auch noch.

Oder man geht in eine öffentliche Sauna und da sitzt *keine* beleibte Frau mit platten Brüsten bis zu den Knien – die ständig sagt: „Hier sind wir alle gleich".

Oder die USA ohne den internationalen Terrorismus. Das ergibt doch gar keinen Sinn. Was sollten die Soldaten den ganzen Tag machen? Am Ende werden sie noch schwul vor lauter Langeweile – und spielen täglich beim Duschen nach dem Morgensport mit ihren muskulösen schwarzen und weißen Körpern das Spiel „Hoppla, jetzt ist mir die Seife runtergefallen". Die haben wenigstens Seife. Wo ist meine Seife? Ich will meine Seife!

Ich beschließe aus Trotz, so lange unterzutauchen, bis irgendetwas passiert.

Nach 50 Sekunden unter Wasser bereue ich das Vorhaben, warte aber vorsorglich noch ab.

Zu meinem Glück löst sich just in diesem Moment eine Wandkachel und plumpst in die Wanne. Das war ein deutliches Signal. Ich tauche auf, greife zum Telefon und rufe Dimitri an, meinen besten Freund.

„Hallo, Dimitri hier."

„It's me, August. Dimitri, was machst du?"

„Ich liege in der Badewanne."

„Nein!? Ich auch!"

„Oh toll, wenn wir jetzt Schulmädchen wären, würden wir die Finger einhaken und uns etwas wünschen, weil wir gleichzeitig dasselbe tun. Ich wünsche mir ein Fahrrad."

„Und ich den Weltfrieden. Aber kommen wir mal zum Punkt. Das glaubst du nicht: Ich habe hier gar keine Seife."

„Ein Bad nehmen ohne Seife. Das ist ja, wie wenn man in die Sauna geht und da sitzt *keine* beleibte Frau mit platten Brüsten bis zu den Knien."

„Das hab ich mir auch schon gedacht."

„Oder wie das Dritte Reich ohne Hitler."

„Ja, das wäre wohl ähnlich gravierend gewesen. Manchmal sind diese Nazi-Vergleiche wirklich angebracht. Also pass auf: Ich bin echt dreckig. Also nicht dreckig wie ein KFZ-Mechaniker oder eine verölte Möwe, aber schon ziemlich dreckig. Nur Wasser hilft da nicht. Ich brauche Seife."

„Wie dreckig bist du denn genau?"

„Mal schauen – unter zwei Fingernägeln ist es schwarz."

„Zwei von fünf oder zwei von zehn?"

„Moment – unter sechs von zehn Fingernägeln ist es schwarz."

„Oh ja, das ist dreckig."

„Was machen wir denn jetzt?"

„Bleib, wo du bist, ich lass mir was einfallen."

Dimitri lässt sich was einfallen. Das kann dauern. Ich plätschere den Aschenbecher herbei und rauche drei Zigarillos. Cognac dipped. Ich habe sie in einer fremden Jacke gefunden, als wir Dienstag zur Happy Hour auf der Bowlingbahn waren, acht Mexikaner Vierfuffzich. Das Telefon klingelt. Das ging flott.

„Hallöchen."

„Herr August?"

„Richtig."

„Herr August, wir müssen über Ihre Ergebnisse vom MRT reden."

„MRT?"

„Sie wissen schon, die große Röhre, in die wir Sie gestern geschoben haben, wo Sie sich die Musik aussuchen durften."

„Oh ja, das war lustig. Als ich Scatman von Scatman John hören wollte, und das hatten Sie nicht. Wissen Sie noch?"

„Ja, ich weiß, das war gestern. Sie sollten schnellstmöglich vorbeikommen. Ihre Ergebnisse sind – nicht grade optimal."

„Okay. Aber ich kann hier nicht weg."

„Weshalb?"

„Ich habe keine Seife!"

„Oh ... es scheint sich ausgebreitet zu haben."

„Sollte ich jemals wieder aus der Badewanne rauskommen, schau ich bei Ihnen vorbei, versprochen."

„Wir schicken einen Wagen."

„Ach Quatsch. ICH melde mich bei IHNEN."

Das wollte ich schon immer mal sagen. Bei meinen Vorstellungsgesprächen war das immer andersrum. Gemeldet haben sie sich nie. Naja, es gibt Wichtigeres. Ich habe noch immer keine Seife. Außerdem ist ein Loch in der Wand. Hoffentlich war es keine tragende Kachel. Ich schenke mir ein Glas Wein ein und warte ab. Das Telefon klingelt. Es ist Dimitri.

„August, kannst du mir mal aufmachen?"

„Wie soll das bitte gehen? Ich liege in der Wanne."

„Ich lass mir was einfallen."

Mein schriftstellerisches Talent reicht nicht so weit, dass ich das Geräusch einer Metall-Gießkanne, die Fensterglas durchbricht, plastisch beschreiben kann. Aber ich versuche es mal: klirrrrr.

Kurz darauf klopft es an der Badezimmertür. Ich: „Herein."

Dimitri öffnet und kommt enthusiastischen Schrittes auf mich zu. „Juhu", schreie ich und Dimitri erwidert: „Hier kommt der Retter in der Nooooo-." Während des lang gezogenen Os hebt er vom Boden ab, kracht mit dem Hinterkopf aufs Waschbecken und landet schließlich punktgenau auf der Personenwaage. Sein Kopf wiegt 5,2 Kilo und, als er auf meiner Seife ausgerutscht ist, hat er sie geschickt in meine Richtung manövriert, so dass ich sie bequem aus der Wanne heraus erreiche. Ich reinige meine Fingernägel und den Rest meines Luxusbodys, rauche noch zwei Zigarillos, steige aus und frottiere mich trocken. Ich untersuche Dimitri, stelle fest, dass er noch atmet, kein Blut ausgetreten ist und er sowieso ganz friedlich aussieht. Soll er sich mal ausruhen. Ich lege mein Handtuch unter seinen Kopf und gehe ruhigen Schrittes zur Haustüre, an der es seit Minuten Sturm klingelt.

Es ist ein Krankenwagen, mit rotierendem Blaulicht, aber ohne Sirene. Schade. Die Jacken der Rettungssanitäter fand ich schon immer ganz hübsch, noch hübscher als die von Müllmännern. „Sind Sie Herr August?", werde ich gefragt.

„Nein", antworte ich. „Herr August liegt im Badezimmer. Er ist gestürzt. Vorher hat er ganz wirr geredet. Vielleicht hat ihm die Untersuchung gestern nicht gutgetan."

Als Dimitri kurze Zeit später als ich an mir vorbei getragen wird, fällt ihm eine Schachtel mit Seife aus der Jackentasche. Teure Sorte. Er ist wirklich ein guter Freund.

Shooting

„Jetzt schau mal leidenschaftlich! Nein, so nicht. Mach den Mund wieder zu. Lassen wir das. Vielleicht hilft's, wenn du die Engelsflügel anziehst. – Keine gute Idee. Was machen wir denn da? Dreh dich mal um." – „Aber dann sieht man mein Gesicht doch gar nicht." – „Dreh dich erst mal um, dann sehen wir weiter. Eine schöne Rückenakne, oh. Tja, dann fotografieren wir einfach mal deinen Schatten."

Ein erotisches Fotoshooting ist nicht für jeden das passende Geburtstagsgeschenk.

Kanarenvögel

Vital- und Aktivurlaub auf Gran Canaria, dritter Urlaubstag, elf Uhr morgens. Ich liege am Hotelpool und gebe meine Bestellung auf:

„Salvatore! Una Caipirinha por favor!"

Salvatore kommt tablettjonglierend angetänzelt, beugt sich zu mir herunter und fragt, ob ich heute nicht schon genug getrunken hätte.

Einer Antwort statt zücke ich ein nagelneues Zwanzigcentstück und lasse es spielerisch zwischen meinen Fingern kreisen, so dass es in der kanarischen Sonne blitzt und blinkt wie ein Geldstück, das man in der Sonne dreht. Ich schnippe es Salvatore zu, er fängt gekonnt, ruft „Señor" und trippelt rückwärts davon, vollführt dabei mehrere tiefe Verbeugungen.

Hach, was ein Leben, denke ich, ist es nicht herrlich, sich auch mal viertausend Kilometer entfernt von zuhause zu betrinken. Das Meer, die Sonne, der Pool, die Ruhe. Diese Ruhe! Man hört Salvatore an der Bar das Eis crushen.

Zuhause in Deutschland würde ich grade wie jeden Tag am Schreibtisch sitzend von Heulkrämpfen geschüttelt werden, wegen der Existenzangst, weil ich schon über Monate nicht Neues mehr geschrieben habe und irgendwann dann ja auch mal jede Stadt mit den beiden Texten, die grade ankommen, bereist ist. Dann würde ich zitternd zur Zigarette greifen, das Fenster öffnen. Der Wind würde mir die obere lockere Schicht des übervollen Fensterbankaschenbechers ins Gesicht wehen und höhnisch über mich pfeifen. Ich würde daraufhin noch mehr weinen und im Internet schreiben, dass das ja ein super Tag ist heute. Thumbs up.

Das ist jetzt alles weit weg. Vielleicht wurde der Aschenbecher schon leer oder ganz herunter geweht von den schlimmen Stürmen, die grade in Deutschland toben. Hoffentlich, die sollen es richtig kalt und eklig haben, wenn ich nicht da bin.

Salvatore hat mir gegen reichlich Centstücke die beste Liege am Pool reserviert, die anderen Deutschen mussten dazu um sechs Uhr morgens aufstehen. Die Engländer stehen wie immer dumm da, ohne zeitig ein Handtuch platziert zu haben. Versager. Wer welcher Nationalität angehört, lässt sich am Cover der Urlaubslektüre und am Grad des Sonnenbrands ablesen. Doch alle eint eines: die Ruhe, der Gleichmut, die Bräsigkeit. Daliegen, eincremen, schwimmen gehen, lesen, trinken, man muss nicht reden. Und die Kanarienvöglein pfeifen dazu ihr Freudenkonzert. Nicht allzu laut. Angenehm für touristische Ohren. Langgestreckt liegen wir nebeneinander in endlosen Reihen und ruhen in Frieden, auf Liegen. Ruhe! Ruuuuuhe!

WHUUUP, WHUUUP.

„GUTEN TAG, AHLMANN VOM ZDF TRAUMSCHIFF. WIR WÜRDEN GERNE IHRE HOTELANLAGE ALS AUSSENKULISSE BENUTZEN."

WHUUUUUP.

Mitten auf dem Brückchen über dem Pool steht Herr Ahlmann in weißer Kapitänsuniform und schwenkt sein Megafon.

„WER EINE STATISTENROLLE MÖCHTE, HEBT JETZT DIE HAND."

Niemand hebt die Hand.

WHUUUP. „SIE KÖNNEN DAZU LIEGEN BLEIBEN." WHUUUP.

Ich hebe die Hand.

Eine ganze Horde meist in weiß gekleideter Schauspieler fällt nun am Pool ein – und steuert direkt auf die Bar zu, hinterher trottet das Kamerateam. Herr Ahlmann verteilt Gutscheine fürs Kamelreiten an die Hotelgäste, die bei der Produktion nicht mitwirken möchten. Mir drückt er ein Drehbuch in die Hand. Meine Rolle ist mit einem Marker markiert. Sie heißt „Tourist 4", meine Aufgabe ist es, neben den Hauptdarstellern auf meiner Liege zu liegen und ein Buch zu lesen. Das kriege ich hin. Es tut sich ein Problem auf.

Herr Ahlmann: „Das da soll der Poolboy sein? Der ist ja gar nicht schwarz. Wir brauchen einen Neger. Das ist authentischer."

„Das ist aber nicht so pc", sage ich.

„Sind Sie Komparse oder Statist?"

„Sie haben gesagt Statist."

„Kennen Sie den Unterschied? Ein Komparse hat Text, ein Statist nicht. Also halten Sie den Mund."

Seine väterlich-autoritäre Art ist mir irgendwie sympathisch, also füge ich mich und blättere ein wenig im Drehbuch. Meine Szene ist überschrieben mit „Annäherung am Pool", Sigmar Suhlbach wird mit einem Cocktail in der Hand am Pool entlangflanieren und die freie Liege zwischen mir und seinem Urlaubsflirt entdecken.

Er sagt: „Haben Sie die Niederlage schon verkraftet?"

Sie sagt: „Boccia ist doch eher ein Männersport."

Sie lachen herzlich.

Er deutet auf die Liege und fragt: „Darf ich?"

Sie deutet auf seinen Cocktail und sagt (forsch): „Wenn ich darf."

Sie lachen wieder herzlich, er legt sich nieder.

Close-Up auf ihren Mund, der den Strohhalm in Empfang nimmt. Anschließend zwei Minuten stilles Daliegen mit Kamerafahrten über die Körper. In Klammer: James Last anrufen wegen Musikbett.

Bei Minute 1.30 wenden sie ihre Köpfe zueinander, weiter unten finden sich ihre Hände. Weiteres stilles Daliegen, Szene aus, Schnitt an den Kapitänstisch.

Mittlerweile wurde ein Afrikaner aufgetrieben, dessen Aufgabe es ist, dem Darstellerpärchen mit einem Palmblatt Luft zuzufächern. Er positioniert sich hinter mir, die Kameras werden aufgebaut, die Darstellerin kippt noch schnell einen Sambuca und nimmt ihren Platz auf der Liege ein. Sigmar Suhlbach erscheint in Begleitung einer möglicherweise fast volljährigen Spanierin, leckt ihr zum Abschied über den Hals und lässt sich ein Drehbuch reichen.

Er überfliegt seinen Text und schon kann's los gehen.

WHUUUUP, WHUUUUP. „ALLE AUF POSITION." WHUUUP.

Die Klappe fällt, Suhlbach stolziert heran und ich vertiefe mich, wie es meine Rolle verlangt, in mein Buch.

„CUT! Was lesen Sie denn da?"

„Das kommunistische Manifest."

„Das ist doch keine Urlaubslektüre. Was soll der Zuschauer denken? Hier, nehmen Sie das."

Er reicht mir Stephenie Meyers „Bis(s) zum Abendrot". Mit leichter Abscheu greife ich danach. Es kann weitergehen.

„Darf ich?", fragt Suhlbach.

„Du darfst", sage ich, und tätschele seine Liege.

„CUT!"

„Entschuldigung, ich dachte, ich bringe mich ein wenig mit ein."

„Sie sind Statist. Wissen Sie, was ein Statist ist? Der steht noch unter dem Praktikanten. Ein Statist ist nichts. Wenn der Schauspieler der Kuchen ist, dann ist der Statist der Schatten des Krümels."

„Ich finde ja, ein wenig Homoerotik würde dem Drehbuch nicht schaden."

„Wir sind hier nicht in der Lindenstraße. Lassen Sie das mit dem Buch, tun Sie einfach so, als würden Sie schlafen."

„Wenn Sie meinen."

Klappe.

„Haben Sie die Niederlage schon verkraftet?"

„Boccia ist doch eher ..."
Ich schlafe ein.

Herr Ahlmann weckt mich, indem er in sein Megafon brüllt, mein Schnarchen sei der Produktion hinderlich und die 20 Minuten Dreh hätten bislang drei Millionen an Gebührengeldern gekostet, ich sei ein zu großes Risiko. Meine Rolle wird ersatzlos gestrichen. WHUUUP. Er bietet mir eine Entschädigung in Höhe eines Caipirinhas an, ich verlange mindestens drei und wir einigen uns darauf, dass mich die Traumschiff-Security unter heftiger Widerwehr vom Gelände zerrt.

Sie haben gewonnen, glauben sie. Weit gefehlt. Mein Freund Salvatore hat in der Zwischenzeit die klägliche Restbesatzung des Traumschiffs unter seine Gewalt gebracht. Ich entere das Schiff und wir legen gen Afrika ab, um den Leuten dort mit Palmwedeln Luft zuzufächern und ihnen Caipirinhas zu mixen. Aber das ist eine andere Geschichte.

Nur die Liebe fehlt

Sehen Sie fern? Nein? Worüber reden Sie mit Ihren Kollegen „auf Arbeit"?

Eine der Hauptmotivationen des Fernsehkonsums ist der soziale Austausch im Anschluss an das tatsächliche TV-Vergnügen. „Was der wieder gemacht hat!" „Was der wieder gesagt hat!" „Haste nich gesehen!" „Nein, hab ich nicht." „Opfer!"

Nun gut, gehen wir davon aus, dass auch andere Arbeitsrealitäten existent sind außer dem Bürojob mitsamt fiesem/gramerfülltem/eigentlich ganz okayem Chef und Doppelschreibtischen und Bildschirmschonern mit Fotos der eigenen Rotznasen auf der Schaukel (Onkel Didi hat immer so gern angeschuckt). Diese Arbeitswelt, die in ihrer Siebzigerjahreperfektion nur noch in Morning Shows im Radio hochlebt, da aber richtig hoch.

Gehen wir also davon aus, Sie, der/die Sie ja immerhin schon Stil und Anspruch bewiesen haben, indem Sie das hier gerade lesen (und hoffentlich vorher bezahlt haben!), zählen nicht zur Kategorie Bürohengst oder -stute (haha), sind somit nicht gezwungen, sich täglich über den zähen Fortschritt der Liebeleien und Intrigen auf Schloss Königstein zu informieren, um tags darauf eine Schubkarre Senf an die Kollegen zu kippen. Sie sind linearmedial unterinformiert! Daher wissen Sie gar nicht, dass die nun folgenden TV-Formate erst in zehn Jahren auf Sendung gehen werden, dann aber mit unumstößlicher Sicherheit. Aufgepasst und festgeschnallt!

Wir schalten ein.

Ein zweimetergroßer, 50-jähriger, vernarbter Latino betritt auf High Heels die Showbühne. Er trägt einen Krug Schmalz in der Linken, von dem er einen kräftigen Schluck nimmt, bevor er die zuvor schon reichlich abgefüllten Zuschauer mit einem herzlichen „Fickt euch alle" begrüßt. Applaus, Gekreisch. Die Sendung, wöchentlich dienstags um 18 Uhr, trägt den Titel „Nur die Liebe fehlt".

Die Kandidaten, die sich noch nie zuvor gesehen haben, werden in ein Schlafzimmer eingeschlossen und müssen einmal stündlich Sex haben. Wer sich verliebt, verliert. Sie tragen hochsensible Gefühlssensoren mitten in ihrem Gehirn. Denken sie auch nur im Traum daran, sich in ihren Sexualpartner zu verlieben, werden sie sofort durch einen neuen Kandidaten ersetzt. Gewonnen hat, wer es schafft, mit zehn Menschen in Folge ununterbrochen leidenschaftslosen Sex zu haben, ohne sich zu verlieben.

In den Schlafzimmern sind 86 Kameras installiert, auch die Geschlechtsteile der Kandidaten sind mit Spionagekameras ausgestattet.

Wir befinden uns in der dreizehnten Sendung der vierten Staffel und übergeben an den Off-Sprecher:

„Let the shoooow begiiiiin! Hier sind die neuen Kandidaten.

Erika, 44, Hausfrau, glücklich geschieden, stattliche 89 Kilo, geht gerne mal um den Block – mit anderen Worten: Sie hat eine Schreibschwäche. Ihr größter Erfolg: Mit 22 spielte sie in dem Softcore-Erotikstreifen „101mal mit Tina", in der Rolle der Tina. In der zwei Jahre später folgenden Fortsetzung, dem Hardcore-Erotikstreifen „102mal mit Tina und einem Dalmatiner" war sie ebenfalls tätig. Sie führte in den Drehpausen den Dalmatiner Gassi. Dann Heirat, die nächsten 18 Jahre ereignislos, Scheidung. Als Höhepunkt ihres Lebens gibt sie die Teilnahme an unserer Show an. Applaus für Erika."

Applaus für Erika.

„Horst, 51, Single, unentschlossen und arbeitssuchend. Sexualpartnerinnen bisher: 14. Davon Prostituierte: 13. Davon Real Life Dolls: eine. Sein größter Erfolg: der Gabelstaplerführerschein. Seine Leidenschaft: Blutwurst und deutsches Schwarzbrot, am liebsten in Kombination. Lieblingslektüre: Die Seite 4 der BILD-Zeitung, die Ratgeberseite, „auf der lass ich mich gerne beraten", sagt er. Seine Erwartungen an eine neue Liebe: „Nett muss se sein, Blutwurst muss se mögen. Und beraten soll se mich, wenn ich mal Rat brauche. Ich lass mich gerne beraten." Weitere Hobbys: Radfahren, Ratespiele und Rattan-Möbel. Horst nimmt an unserer Show teil, weil eine Wahrsagerin es ihm geraten hat. Er ist davon überzeugt, sich neu zu verlieben, was eigentlich eine eher schlechte Voraussetzung ist. Begrüßen Sie Horst!"

Applaus für Horst.

„Und auf geht's, meine Lieben, ran an den Speck und Rubbeldiekatz, zeigt uns, was ihr drauf habt – und vor allem drunter. Wir wollen die Hüllen fallen sehen."

Erika lässt ihre mintgrüne Bluse mit der Erotik eines Zwiebelnetzes zu Boden sacken.

RÖÖDÖÖDÖÖD! „Horst hat sich verliebt! Schade. Unser nächster Kandidat für Erika" – Spannung, dramatische Musik – „kommt direkt aus dem Publikum." Raunen, Getrampel, Ekstase. „Seine Mutter hat ihn angemeldet, damit er auch mal zum Schuss kommt. Es ist" – Saallicht aus, Suchscheinwerfer, findet sein Ziel – „Ludovik, 29 Jahre, aus Erlangen. Er spielt gerne Playmo, dabei kann es auch mal härter zugehen. Ludovik, rauf auf die Erika!"

Ludovik rumpelt in bester Der-Preis-ist-heiß-Manier die Studiotreppe hinunter, reißt sich Knöpfe und Hemd vom Leibe und verschwindet in Erikas Schlafzimmer, wo diese ihn in bester Hüpfburgmanier empfängt. Der Moderator springt wie vom Skorpion gestochen hin und her, wirft eine Dose Viagra in einen Küchenmixer und gießt mit Tequila auf. „Diese Sendung wird durch Produktplatzierungen unterstützt", erscheint am Bildschirmrand.

Wir schalten um.

History Channel. Hitlers Magengeschwüre.

Wir schalten um.

Die 20 spektakulärsten U-Bahn-Tode. Unter, in und neben den Zügen. Ein Münchner U-Bahn-Fahrer berichtet von seiner siebten Überfahrt: „Die dritte ist nach wie vor unschlagbar."

Wir schalten um.

RÖDÖÖÖD! „Erika hat sich verliebt und wird ausgewechselt. Die neue Kandidatin: Natalja, 18. Größter Erfolg: Drei Jahre Tripper."
　Ludovics Mutter übergießt sich im Publikum mit einer Kanne Kamelmilch.

Wir schalten um.

Im Stefan-Raab-Kanal läuft die Sendung „Stefan Raab denkt sich neue Sendungen mit Stefan Raab und Autos aus". Stefan Raab ist grade nicht anwesend, wir beobachten den Praktikanten beim Schreibtischfahren. Gute Unterhaltung. Vier Zuschauer klatschen.

Wir schalten um.

Bundeswehr-TV. Die Berufsarmee präsentiert sich in der Dokusoap „Armycopter Afghanistan". Die

Hubschrauberpiloten und Elitekämpfer Roto und Knarri kreisen gemächlich über komplizierten Höhlensystemen und witzeln über panzersteuernde Frauen. Roto: „Die hätt sisch nua fapflischtät, dammit se auch ämal än Rohr vorne dran hätt." Knarri verreißt vor Erheiterung den Steuerknüppel.

Wir schalten um.

Sarah Palin hält ihre wöchentliche Ansprache an das US-amerikanische Volk. Live-Übertragung aus dem Oval Office. Der Hintergrund ist mit einem Maschinengewehr und dem Skalp von Elton John ausstaffiert.

Wir schalten um.

„Kniffel – Der Film" läuft heute zur Primetime als Erstausstrahlung im ZDF. Er folgt damit dem kassemachenden Trend zu Spiel-Filmen, den 2011 „Schiffe versenken – Der Film" einläutete. In der Zwischenzeit erschienen z. B. „Malefiz – Der Film" mit Martin Semmelrogge als Bandit aus dem Spessart, „Versteckerles – Der Film" oder „Fang den Hut – der Film" mit Udo Lindenberg in der Hauptrolle und Daniela Katzenberger als Hut.

Wir schalten ab –

gehen uns kurz im Bad frisch machen, danach zielgerichtet an den Spieleschrank im Keller. „Es wird höchste Zeit, dass jemand *Das Nilpferd in der Achterbahn* verfilmt", denken wir und machen uns ans Drehbuch.

Interaktiver Part:

Lieber Leser,
schicke mir dein Drehbuch (eine Szene genügt) zum Nilpferd in der Achterbahn – Der Film *oder zu einem anderen Gesellschaftsspielfilm deiner Wahl, mit Besetzungsvorschlägen. Nach Qualitätsprüfung werden die Einsendungen in meinem Blog veröffentlicht. Dort findet sich auch der Kontakt zu mir:* http://christianritter.wordpress.com
(Da sich Papier nicht updatet, im Zweifelsfall nach der neuen Adresse googeln [und den Triathleten nicht allzu sehr belästigen].)

Merkwürdige Dialoge: Das Drehbuch

Das Telefon klingelt.

Ich: Ritter, guten Tag, Grüß Gott, Servus.
Er: Sie sind dieser Autor, nicht?
Ich: Äh, ja, wenn man so will.
Er: Würden Sie ein Drehbuch für uns schreiben?
Ich: Ein Drehbuch? Wie kommen Sie denn auf mich?
Er: Google.
Ich: Oookay. Und ich soll also ein Drehbuch für Sie schreiben?
Er: Ja.
Ich: Gut, solange Sie nicht von Sat.1 sind oder so.
Er: Ich bin von Sat.1.
Ich: Oha. Aber dann zahlen Sie sicher wenigstens gut.
Er: Nee nee. Wissen Sie, wir machen das so: Wir nehmen uns junge, relativ unbekannte Autoren, zahlen denen gar nichts und stellen in Aussicht, dass das fertige Produkt dann vielleicht im Fernsehen läuft. Sie machen das für Ruhm und Ehre. Das ist in etwa so wie bei einem Poetry Slam.
Ich: Schon mal gehört, ja. Worum soll es denn gehen in dem Drehbuch?
Er: Woher soll ich das wissen? Sie sind der Kreative.
Ich: Aber Sie werden doch eine ungefähre Vorstellung haben.
Er: Irgendwas, was die jungen Leute mögen.

Ich: Und da fragen Sie mich? Ich bin Ende 20. Das zarte Pflänzchen meiner Jugend ist jäh verdorrt.
Er: Das tut mir leid. Also, ich dachte an so was wie eine romantische Komödie oder was mit Jugendlichen und Kiffen. Sie wissen schon.
Ich: Wie wäre es denn mit einer romantischen Kifferkomödie?
Er: Das ist genial. Haben Sie da schon konkrete Ideen?
Ich: Warten Sie mal kurz. – Ja, jetzt. Also, ich denke, auf jeden Fall sollte das in einer skurrilen WG spielen. Einem alten Bauernhof vielleicht. Und die Typen, die da wohnen, die strongeln sich halt so durchs Leben und lachen ständig grundlos vor sich hin und machen Deine-Mudder-Witze.
Er: Hervorragend.
Ich: Der eine muss sich dann verlieben. In eine, mmh, Auszubildende bei einer Sparkasse – die eine dicke Brille trägt und strohige Haare hat, damit sie später hübsch werden kann.
Er: Fantastisch.
Ich: Bei denen auf dem Bauernhof muss dann auch einer wohnen, der viel älter ist als alle anderen und ständig auf der Couch liegt und Fernsehen schaut und nichts sagt. Irgendwann kommt es zu der Schlüsselszene, in der der eine zum anderen sagt: „Du hast ihn doch vor zwei Jahren mit nach Hause gebracht." Und der andere sagt: „Ich dachte, das wärst du gewesen", und dann fragen sie ihn und er sagt, er weiß gar nicht, wo er ist. Oder noch besser:

Er spricht nur spanisch. Das ist doch komisch, nicht?
Er: Ja, jaaa, ich nässe mich gleich ein vor Lachen. Ich glaube, Sie sind der Richtige für uns. Haben Sie noch mehr Ideen?
Ich: Auf jeden Fall muss auch eine Szene in dem Film sein, in der einer auf einem Grünstreifen zwischen zwei Fahrbahnen steht und auf irgendwen wartet. Am besten auf die aus der Sparkasse. Das muss so 'ne Zeitrafferszene sein, in der er steht und die Autos zwölf Stunden lang an ihm vorbeifahren.
Er: Herr Ritter, das ist brillant. Eine solche Szene hat es sicherlich noch nie gegeben.
Ich: Wie wäre es noch mit einem tragischen Moment? Ein bisschen Ernsthaftigkeit schadet ja auch nicht. Es könnte jemand im Krankenhaus liegen und kein Geld für die teuren Medikamente haben, die ihn einzig und allein heilen können. Er wird sterben, wenn ihm nicht binnen 40 Tagen geholfen wird. Und dann engagieren sich die Kiffer für ihn und verdealen Gras, um das Geld zusammenzubekommen.
Er: Und der, der im Krankenhaus liegt, hat der was mit der Sparkassenfrau zu tun? Ihr Vater vielleicht?
Ich: Hey, die Idee ist spitze. Sie bräuchten mich gar nicht. Schreiben Sie das Drehbuch doch selbst.
Er: Abgemacht. Auf Wiederhören.

Das Telefon klingelt.

Ich: Ritter, Servus, Grüß Gott, Guten Tag, hallo?
Er: Ja, ich noch mal. Ich habe mal in meinen Terminkalender geschaut und gemerkt, dass ich gar keine Zeit habe in den nächsten Wochen. Also würden vielleicht doch Sie das Schreiben übernehmen?
Ich: Darf ich Bedingungen stellen?
Er: Solange es nichts kostet, meinetwegen.
Ich: Aaaalso: Es muss auf jeden Fall noch einen schrulligen Großvater geben, der Korbinian heißt und ständig von früher erzählt. Außerdem einen Hund, der Hund heißt. Und eine Jugendbande, die den Fall aufklärt.
Er: Welchen Fall?
Ich: Na den der verschwundenen Schildkröte. Deshalb ist das Mädchen doch die ganze Zeit traurig.
Er: Meinen Sie nicht, das ist ein bisschen, Moment, ich schlage mal im Handbuch für Medienschaffende nach, wie wir dazu sagen. Meinen Sie nicht, das ist ein bisschen too much?
Ich: Zur Not drehen wir eben einen Zweiteiler. Oder eine Trilogie. Trilogien sind das neue Schwarz.
Er: Und wie nennen wir das dann?
Ich: Entweder „Turm der Liebe" oder „Das dunkle Geheimnis von Paderborn". Übrigens möchte ich mindestens drei Drehtage in der Karibik. Da liegt ja schließlich der Schatz.
Er: Vergessen Sie's. Wir nehmen den Greenscreen.
Ich: Okay. Bis wann wollen Sie das Drehbuch denn haben?
Er: Was glauben Sie, wie lange Sie brauchen?

Ich: Sagen wir sechs Monate.
Er: Ich gebe Ihnen sechs Wochen.
Ich: Okay, ich mach's bis morgen. Wie erreiche ich Sie?
Er: Don't call us, we call you!

Lesen unter Bären

Ich brauchte Geld. Zuweilen mein Hauptmotiv, um mir nicht zu hundert Prozent angenehme Dinge zu tun.

Da ich aber handwerkliche Arbeit meide, spätestens seit meinem unrühmlichen Ausscheiden aus einer Metallverarbeitungsfabrik in den Sommerferien 2001, zum Wohle aller Beteiligten wohlgemerkt, blieb mir nur noch die Entscheidung zu treffen, meinen Körper zu verkaufen oder an einem Literaturwettbewerb zu partizipieren. Nach kurzem Abwägen und der finalen Konsultation eines Spiegels entschied ich mich für Letzteres.

Natürlich, da ich nicht nur Geld, sondern viel Geld brauchte, zog ich nur die hochdotierten Wettbewerbe in Betracht. Da gab es einmal das Thema „Facetten der Liebe – Kurzgeschichte", außerdem „Lyrisches zur Landwirtschaft – regionaler Bezug Südhessen" und schließlich „Lesbischer Liebesroman". Genau mein Ding.

Ich schrieb sofort los über die arme und schwedische Installateurin Linda, die ein Rohr im Gutshaus der feinen Dame Lady Pussington verlegen soll. Nach einem Kapitel war bereits ein kirgisisches Kind adoptiert und die Handlung vorerst beendet. Nicht grade Romanlänge. Notgedrungen sattelte ich also um und versuchte mein Glück mit „Facetten der Liebe – Kurzgeschichte".

Ich beschrieb über zu lange Strecken einen ermüdenden heterosexuellen Trennungsakt, der an einem Fenster spielt. Der stockende Verkehr draußen, den beide beobachten, symbolisiert die Beziehung. Er will Schluss machen, kann aber keine Gründe nennen, daraufhin schlägt sie ihn und er bekommt Nasenbluten. Sie stopft ihm liebevoll ein Taschentuch in die Nase und sie lachen über den Vorfall. Schließlich will er sie doch behalten, sie ihn aber plötzlich nicht mehr, hoho, Verkehrung der Rollen. Am Ende stehen sie engumschlungen da und trennen sich in diesem Moment. Paradox!

Nach der abschließenden Durchsicht eliminierte ich noch sämtliche Anführungszeichen, um dem Text einen avantgardistischen Touch zu verleihen, fertig.

Ich hatte genau so eine schmerzhaft langweilige und selbstreferenzielle Literaturpampe produziert, wie sie Jurymitglieder unbedeutender, aber durch die großzügige Zuwendung der Sparkasse lohnenswerter Literaturpreisausschreiben mit Verzücken lesen, um behaupten zu können, sie hätten darin „irgendetwas für sich" entdeckt – und seien es nur die fehlenden Gänsefüßchen, womit der Autor sicherlich seine Orientierungslosigkeit ausdrücken wollte.

Wie kaum anders zu erwarten war, wurde ich wenige Wochen später zum Endausscheidungslesen der besten zehn eingeladen. Ich packte die Rasierklinge ein und machte mich auf den Weg zur hippsten Location, in der ich jemals gelesen habe – das Naturkundemuseum Regensburg.

Nachdem die obligatorischen Häppchen gereicht waren und sich alle 25 Anwesenden gegenseitig versichert hatten, dass dies ein bedeutender Anlass sei und die Literatur lebe, jaja, begann die Lesung – direkt im Anschluss an die Grußworte des stellvertretenden Ortsteilbürgermeisters, des stellvertretenden Sparkassendirektors und des Pförtners des Naturkundemuseums, der stellvertretende Direktor war leider verhindert...

Ich werde als Erster gelost, gehe unter stark zurückhaltendem Applaus hinter den zu großen Lesetisch, nippe am Wasserglas und starte meine Charmeoffensive: „Ja, guten Abend, schön hier zu sein, find ich ja toll, dass Sie sich alle so schick gemacht –" „HÄÄÄÄÄKHÄÄÄÄM, ich muss doch bitten", ermahnt mich eine betagte Dame aus Reihe zwei. „Wir sind hier wegen der Literatur!" Ein bedeutsames Nicken breitet sich im Raum aus und mir wird bedeutet, persönliche Anmerkungen zu unterlassen, weil unpassend, und ausschließlich meinen Text zu lesen. Noch ein Schluck Leitungswasser und ich lege los.
Ende
Aber, aber warum denn, fragt sie und ich merke, dass ich ihr keine Antwort geben kann.

Schon während des zweiten Satzes wird mir dermaßen langweilig von meiner eigenen Textkreation, dass ich mein Hirn vom Mund abspalte und nach Abwechslung suche. Ich gucke mir zwei aufgeblondete Damen in der ersten Reihe aus und betrachte sie näher, immer wenn ich vom Blatt aufschaue. In leichten Sommerstoff gehüllt, halten sie beide die Hände über dem Programmheft gefaltet und sind oder spielen zumindest gut interessiert. Sicherlich sind sie offizielle Beisitzerinnen oder eine gar Kassenwärtin des örtlichen Kulturvereins. Außerdem treffen sie sich regelmäßig zum Teetrinken, so viel steht fest. Sie sagen dazu wahlweise „trinken wir mal einen schönen Tee zusammen" oder „trinken wir mal schön zusammen Tee". Auf jeden Fall schön muss es sein, wer will schon einen hässlichen Tee oder hässlich trinken?

Die beiden wirken so, als hätten sie in ihren Zwanzigern revolutionären Geist geatmet. Was davon übrig blieb, wandert heute in die Zusammenstellung der Garderobe, große Blumenmotive. Ja, so geht die Zeit dahin. '68 noch nackt bis auf das üppige Schamhaar durch Frankfurt und Berlin schlawenzelt und die freie Liebe zelebriert, schon hockt man vier Jahrzehnte später zusammen zuhaus auf der Mustercouch und diskutiert die korrekte Mundhygiene.

Tatsächlich sehen die beiden den angereiften Damen aus der Mundwasserwerbung mit den Mohnbrötchen erstaunlich ähnlich ...

„Mohnbrötchen?"

„Ach, ähm, hmmm, nöööö, lieber nicht. Verzeih!"

„Aber ich dachte du LIEBST Mohnbrötchen."

„Hach jaaaaaaa. Gott wie ich Mohnbrötchen liiiiiebe! Aber ... aber ich hab da was am Zahnfleisch!"

„Hatte ich auch! Aber ich hab's weggekriegt, mit ODOL Plus!"

Zehn Minuten und eine Buddel ODOL Plus auf ex später ist das Zahnfleischleid dann behoben und die Freundinnen legen neckisch, ja fast erotisch angetoucht, die Köpfe aneinander.

Was in betreffender Werbung leider nicht mehr zu sehen war, ist, wie sie sich nur Augenblicke später die legeren Gewänder von den erschlafften Körpern reißen und sich bis in die letzte Ritze mit dem Mundwasser einschmieren, in leiser Hoffnung, der Melitta-Mann möge aus dem benachbarten Werbespot herüberkommen und sie ratzefatz sauber lecken.

Ich erwache aus meiner Phantasie und lese den letzten Satz meiner Geschichte.

Sie trennt sich von mir.

... presse wie geprobt eine Träne hervor, sammle geknickt die Textblätter zusammen und schlurfe zurück auf meinen Platz, unter die Pranken eines Braunbären. Den begleitenden Beifall kann man für Naturkundemuseumsverhältnisse durchaus als tosend bezeichnen. Die restlichen neun Beiträge sind ähnlich belanglos wie meiner, am Ende lande ich auf Platz 2, nehme einen ein mal zwei Meter großen Scheck über tausend Euro in Empfang, aus den Händen einer der Mohnbrötchendamen, sie ist Kassenwärtin des örtlichen Kulturvereins und flüstert mir noch zu, dass ich sie immer so nett angesehen habe beim Lesen.

So macht Arbeit doch immerhin ein bisschen Spaß, denke ich und suche meine Zugverbindung heraus. Die Lokalpresse möchte noch ein Bild vor dem großen Bären. Mein Vorschlag, man solle doch lieber vor einem Kuckuck posieren, das erspare dem Fotografen Arbeit, findet keine Beachtung. Es gibt wieder Häppchen. Ein Mann im grünen Cordanzug macht sich an mich heran und schlägt mir vor, dem literarischen Förderverein beizutreten. Nein. Bitte. Nein. Ich werde ihn erst los, als ich mich zur Siegerin bemühe, um ihr zu sagen, ihr Text habe eine enorme – ach irgendwas, das wisse sie ja selbst am besten – gehabt. So schön hat ihr das noch keiner gesagt, meint sie. Ich leere das dritte Glas Sekt, schlage das Beitrittsformular des Fördervereins aus meinem Gesicht, gehe Richtung Toilette und biege unbemerkt gen Ausgang ab.

Es ist unmöglich einen Literaturwettbewerb zu manipulieren, erzähle ich dem Taxifahrer.

Ende

Aber, aber warum denn, fragt sie und ich merke, dass ich ihr keine Antwort geben kann. Keine, die sie zufriedenstellen würde zumindest. Von Zufriedenstellen kann in einer solchen Situation wohl ohnehin keine Rede sein. Wie erklärt man einem Menschen, dass die Sache vorbei ist, aus, finito, gegessen? Ich habe keinen richtigen Grund. Viele einzelne, ja, zusammen ergeben sie irgendwie Gewicht, aber ich kann ihr ja wohl nicht all ihre kleinen Fehlerchen vorhalten. Das zu laute Niesen etwa, dafür kann sie ja eigentlich nichts. Oder das Muttermal auf ihrem Bauch, das an den Rändern so ausgefranst ist. Ekelhaft, aber genetisch. Und diese Schlürferei, wenn sie den Rest Milch aus der Müslischüssel trinkt. Schlechte Erziehung. Naja, bei *der* Mutter. Das ist so eine, der gibt man die Trikots der Fußballmannschaft nicht freiwillig zum Waschen, nur wenn alle anderen Mütter auf Kur sind. Dermaßen antiautoritär, dass sie ihre Kinder auch von einem Clown hätte erziehen lassen können.

Ich hätte gern eine Antwort, sagt sie. Ich schweige beharrlich. Ich habe keine. Vier Jahre, sagt sie, vier Jahre. Vier Jahre, wiederhole ich, vier Jahre. Sie schlägt mich. Ins Gesicht. Das hat sie noch nie gemacht. Das tat weh, sage ich. Das sollte es auch, sagt sie, du tust mir auch weh. Ich sehe, wie mir Blut auf die Hose tropft. Ausgerechnet auf die beige. Meine Nase pocht. Bei einer Jeans wäre es nicht so schlimm. Sie reicht mir ein Taschentuch, ich stopfe es mir in die Nase. Du siehst scheiße aus, sagt sie und ich muss lachen. Sie lacht mit. Wir lachen unserem Ende entgegen. In diesem Moment will ich sie behalten. Aber ein Moment ist nur ein Moment. Ein paar Sekunden, oder nur eine. Ein Moment eben. Momente enden. Jetzt ist er vorbei.

Sag schon, sagt sie. Was soll ich denn sagen, frage ich. Soll ich sagen, dass ich keine Ahnung habe, warum? Soll ich sagen, dass *die Luft raus ist*, wie es jeder Idiot sagt am Ende einer Beziehung? Das ist ja schließlich keine Luftmatratze, auf der wir sitzen. Finde ich irgendwie schon, sagt sie, eine Luftmatratze, oder ein Ballon. Man muss eben immer ein bisschen nachpumpen, damit man weiter schwimmt – oder fliegt. Ja sicher, sage ich, und das Leben ist wie eine Pralinenschachtel. Deine Alltagsphilosophie kotzt mich so dermaßen an! Zu jeder beschissenen Lebenslage hast du irgendeinen abstrusen, hinkenden Vergleich.

Danke, sagt sie. Ich sehe sie fragend an. Ich muss wirklich ziemlich blöd aussehen mit dem Ding in der Nase. Das war wenigstens so was wie eine Antwort, sagt sie, mal was Ehrliches, kein Drumrumreden. Meine Vergleiche kotzen dich an. Schön. Was noch? Meine Klamotten? Meine Frisur? Meine Mutter? Dass ich deine Mutter nicht leiden kann, weißt du ja wohl, sage ich. Ja, ich weiß, sagt sie. Die wird sich freuen, wenn wir auseinander sind. Aber –

Mitten im Satz bricht sie ab und ich sehe in ihrem Gesicht, wie irgendetwas kaputtgeht. Sie dreht sich um. Sie geht zum Fenster, zieht den Vorhang auf. Die Sonne ist rausgekommen. Sie schluchzt. Ich stehe auf, ziehe ein Taschentuch aus der Packung auf dem Tisch und gebe es ihr. Sie sieht weiter nach draußen. Ich sehe mich im Spiegel. Meine Nase ist ziemlich dick. Das Pochen ist stärker geworden. Ich wechsle meinen Pfropfen aus.

Wir reden über unsere Beziehung, als wäre sie die Stadtverwaltung, über die sich meine Mutter aufregt. Über den Vergleich sage ich nichts, der war ziemlich treffend. Tut mir leid, dass ich dich gehauen habe, sagt sie, kannst du mich halten? Ich stelle mich hinter sie und umschließe ihren Bauch. Wir sehen nach draußen. Sehen den Autos beim Einparken zu. Rückwärts seitwärts, auf der linken Seite. Keiner kann das richtig.

Lass uns vernünftig sein, sagt sie. Was sie wohl meint? Das mit diesem Freundebleibenquatsch, das lassen wir. Wir sind erwachsen. Ich sage nichts. Eigentlich wollte ich das schon, Freunde bleiben. Ich mag sie doch. Es sind nur diese Scheißkleinigkeiten. Vielleicht wollte ich ja nur ein bisschen –

Du kannst nicht nur ein bisschen Schluss machen, sagt sie. Lass uns das richtig tun.

Wir bleiben stehen. Sie legt ihre Hände auf meine. Ich will sie noch ein wenig halten. Sie trennt sich von mir.

Merkwürdige Dialoge: Lighter als light

An der Supermarktkasse. Vor mir stehen zwei adoleszierende junge Dinger.

Mädel 1 *sieht verschüchtert nach rechts, zum Chipsregal.* Mädel 2 *bemerkt dies.*
Mädel 2: Wollen wir 'ne Tüte Chips kaufen?
Mädel 1, *gequält*: Uäääääh.
[Subtext: Heidi hätte es mir auch nicht erlaubt, wenn ich unter die letzten 2.000 gekommen wäre.]
Mädel 2: Kuck mal, da unten. In denen ist 30 Prozent weniger Fett drin.
Mädel 1, *erfreut*: Wow, lass uns die nehmen.
Mädel 2 *nimmt sie.*
Mädel 1: Aber schau mal auf die Nährwerttabelle!
Mädel 2 *schaut, scheint aber überfordert. Währenddessen:*
Mädel 1, *erregt*: Da unten! Da unten die anderen Chips sind LIGHT.
Mädel 2: Krass, dann nehmen wir die.
Mädel 2 *stellt die fettreduzierten zurück und nimmt die Chips LIGHT.*
Mädel 1: Die sind bestimmt viel gesünder.
Ich, *ungefragt und missmutig*: Ja klar, weil da LIGHT draufsteht, oder was?
Mädel 1 + 2: Hääää?
Ich: Würde auch mal gern wissen, von welchem Wert ausgegangen wird, wenn „30 Prozent weniger" draufsteht. Wisst ihr das, hm?

Mädel 1 + 2 *einigen sich wortlos darauf, mich zu ignorieren.*
Mädel 2: Eigentlich hätte ich lieber die mit Paprikageschmack.
Mädel 1, *kritisch*: Ja, aber ...
[Subtext: Du wiegst jetzt schon knapp über 40, meine Liebe. Wenn du die mit Paprikageschmack isst, wirst du bald wie eine Paprika aussehen. Lass uns lieber Watte essen.]
Mädel 2: Du hast recht. Nehmen wir einfach gar keine Chips.
Ich: Soll ich euch vielleicht 'ne Schachtel Zigaretten kaufen? Die machen auch schlank.
Mädel 1 + 2 *zahlen wortlos ihren Sixpack Actimel und gehen.*

Lovely, isn't it? – Der Besuch der Ami-Damen

Im Rahmen des Pilotprojekts „Kulturelle Entwicklungshilfe für die USA" hatte ich mich bereiterklärt, zwei Damen aus Brockton, Massachusetts, Herberge und deutsche Kultur zu bieten. Vorab hatte ich einen Schrieb der Amerikanischen Botschaft erhalten, in dem mir mitgeteilt wurde, die beiden hießen Biggy und René Purpleton und seien Mutter und Tochter. Mehr wusste ich nicht, bis auf die Ankunftszeit am Flughafen.

Ich malte also ein schönes Schild, auf dem in Rot und in kapitalen Lettern „BIGGY & RENÉ" zu lesen war, und platzierte mich in der Ankunftshalle des Terminal Two in Frankfurt.

Um mich herum herrschte hektisches Gehetze und ein Duft von Bedeutsamkeit und Wirtschaftswachstum lag in der Luft, wie das auf Flughäfen immer so ist. Alle zukünftigen und Ex-Passagiere wuselten durcheinander, orientierungslos wirkende Alleinerziehungsmütter fragten sich gegenseitig nach dem Weg irgendwohin und ein Kleinkind schrie, weil ihm sein Fläschchen vor Flugantritt weggenommen wurde, es könnte ja Flüssigsprengstoff drin sein. Die Brezelverkäuferin schnupperte obszön an ihrer eigenen Achsel und mittendrin im Tumult kickte die Putzfrau beharrlich ihr gelbes Warndreieck vor sich her. Mich passierten arabisch aussehende Männer mit langen Bärten, kurz darauf die Flughafenpolizei in gleicher Richtung. Ein Passagier hatte sich im Duty-free-Shop augenscheinlich mit einer Jahresration Old Spice eingedeckt, er jonglierte einen wackeligen Turm davon gen Ausgang. In seinem Windschatten kamen Biggy und René auf mich zu. Auch wenn ich noch kein Bild von ihnen gesehen hatte, war ich sicher, dass sie es sein *mussten*, und bereute augenblicklich meine Teilnahme an dem Kulturhilfeprojekt. Die Linke, wahrscheinlich die Tochter, trug bauchfrei, auch wenn sie es selbst nicht war. Die Abstimmung ihrer Klamotten ließ den Schluss zu, dass sie im Kunstunterricht nicht ganz aufmerksam den Teil über Komplementärfarben und deren sinnvolle Kombination verfolgt hatte. Die Mutter trug ein etwas enges I-Herz-N-Y-T-Shirt und einen 5-kg-Pack Marshmallows vor sich her (Handgepäck) und brüllte in ihr Handy, dass sie noch nie einen so lieblichen Flughafen gesehen habe, frei übersetzt. Dann entdeckten sie mein Schild, und mich, und von da an war es vorbei mit der *German Gemütlichkeit*.

Auf deutsch-freundlich-gestelzte Art wollte ich den Damen zur Begrüßung die Hand reichen, doch sie quetschten mich ungefragt und herzlich an sich: „Oh my God! He found us! That's him! How are you? Isn't he lovely, René? Aaaaah!", und sogleich musste Mutter, also Biggy, wie ich eben gelernt hatte, ihrem Handy mitteilen, dass sie mich jetzt gefunden hätten und dass ich sicherlich einen passablen Schwiegersohn abgeben würde. Ich wurde umgehend für Sommer nächsten Jahres zum Kartoffelfest nach Brockton, Massachusetts, eingeladen, noch bevor wir am Gepäckband angekommen waren.

Die Koffer waren ebenso wenig schwer zu identifizieren wie die Ami-Damen selbst. Im Stars-and-Stripes-Motiv gehalten blinkten auf dem größeren sogar die Sterne. Patriotismus kann doch recht aufdringliche Formen annehmen. Wir bewegten uns samt Gepäck zum Auto, ich hatte mich höflicherweise als Träger angeboten und ausnahmslos alles aufgeladen bekommen. Es war gar nicht mal einfach, die ganzen schweren Dinge zu verstauen, Biggy machte am meisten Probleme.

Mutter und Tochter bewunderten nun ausgiebig die vorbeifahrende Landschaft, vor allem die spärlich auftretenden Windräder hatten es ihnen angetan. René wurde nicht müde, jedes einzelne zu fotografieren. Ich versuchte, das Prinzip der alternativen Energiegewinnung zu erläutern, doch der Fahrtwind übertönte mich, als René ihren Handtaschenmüll aus dem Fenster entsorgte. Auch diverse WalMarts, die wir passierten, stellten eine Attraktion dar. „American Culture" war ein Schlagwort auf der Rückbank. Nach etwa einer Stunde kehrte eine kurze Gesprächspause ein und ich wähnte mich schon in der beruhigenden Vorstellung, die beiden seien ihrem Jetlag erlegen, als Biggy aus heiterem Himmel fragte: „Is Hitler still in charge?"

Ich gönnte mir eine kurze Verwunderungspause, stieg dann in den Dialog ein.

„No, he's not."

„Oh … I … really regret that."

„You don't have to. No one liked him. By the way, he is dead for over 60 years now."

„But I saw him on TV last night."

„Hm, me too."

Auf sechs verschiedenen Sendern sogar. Immer mit den gleichen Bildern. Da gab es: *Hitlers Sekretärinnen, Hitlers Österreich, Faszination Hitler, Die Ergreifung der Macht, Der Weg zum Untergang* und das Galileo Mystery Special: *Hitlers Gehirn.* Es konnte nicht gänzlich entmystifiziert werden. Aber davon erzählte ich Biggy und René nichts. Nach kurzer Gesprächspause fragten sie munter weiter.

„Didn't he build the Autobahn?"

„Yes, with his own hands, day and night."

Sofort zückte René auf dem Rücksitz den Fotoapparat und fotografierte aus der Heckscheibe heraus die Autobahn.

Es muss dringend etwas geschehen, dachte ich. Ich halte diese geistige Inkompetenz keine Minute länger mehr aus, und ich soll die Hühner, besser: die Chicks, für zwei Wochen am Hals haben. Ich hielt nach dem nächsten Baum oder wenigstens einem schönen Brückenpfeiler Ausschau und berechnete deren und meine Überlebenschancen, die für mich durch den Airbag ja eigentlich ganz gut … – Biggy kam mir mit einer anderen Idee zuvor.

„Look, there is a Tank & Rast. Is it something like McDonald's?"

„Yes, it is", sagte ich und nahm augenblicklich die Ausfahrt zur Raststätte.

„I would die for a Maximum Sized Big Mac Menu, some Chicken Wings, an extra portion of freedom fries and a big big delicious Coke", sagte René.

„What a surprise", entgegnete ich und fuhr auf den Parkplatz.

„Where is the Drive-Thru?", fragte Biggy verwundert und ich erklärte, dass so ein Rastplatz mehr oder weniger ja ein einziger großer Drive-Through sei und Deutschland sich das selbstverständlich von den USA abgeschaut habe, nur das mit dem Nichtaussteigen hat bei der Umsetzung nicht ganz so hingehauen, ein Kunstfehler, für den sich die Regierung demnächst zu entschuldigen gedenke. Das beruhigte sie für den Moment. Dennoch war ihr die Abneigung gegen die zehn Meter Fußweg bis zur Schiebetüre deutlich anzumerken. Sie schnaufte ein „God bless America", als sie aus dem Auto herausploppte.

Binnen Sekunden hatten die beiden Witterung aufgenommen, René sabberte den Raststättengehsteig voll, Biggy wiederholte wie von Sinnen immer nur „Barbecue, Barbecue, Barbecue, Barbecue" und wie paralysiert schoben sie sich auf den Glaseingang zu, von dem ein Duft ranzigen Fetts zu uns herüberströmte. Mich ließen sie beachtungslos zurück. Jetzt oder nie, dachte ich plakativ.

Ich lud ihre Koffer aus dem Wagen, stellte sie in Reih und Glied an die Raststättenwand, zuvorderst das Biggy-und-René-Schild, damit sie sie auch wirklich finden würden, man ist ja kein Unmensch.

Ich setzte mich ans Steuer und fuhr davon, zurück auf die Autobahn, dem bergigen süddeutschen Horizont entgegen und fühlte mich frei.

Im Radio suchte ich nach der zu diesem Hochgefühl passenden Musik, landete schließlich bei „Born in the USA" und fügte jeweils an der passenden Stelle ein großes, großes NOT hinzu.

Nur die Wurst

Niemals, und wenn ich niemals sage, meine ich: niemals, deshalb sage ich es ja, niemals würde ich eine aktuelle Liebschaft mit zum Bahnhof nehmen, wenn allein ich mit dem Zug davonführe.

Bahnhof ist Kampf, da muss man allein durch. Zusätzlicher Ballast in Form einer Person, die ihre Zeit während meiner unmittelbaren Fahrvorbereitungen allein damit vertendelt, sich einen möglichst poetischen Abschiedsgruß auszudenken, um dann womöglich anschließend noch stehen zu bleiben, bis der Zug außer Sichtweite ist, und mit einem erstickten Seufzer den Heimweg einzuleiten – nein, das muss ja wohl nicht. Da könnte ich mir genauso gut einen mitleidig jaulenden Welpen ans Bein binden.

„Bahnhof" bedeutet, maximal zehn Minuten vor Abfahrt eintreffen, dem von der modernen Technik eingeschüchterten Ehepaar aus dem Taunus vor dem einzig funktionstüchtigen Fahrkartenautomaten die Karte nach Worms lösen, ihre übertriebene Dankbarkeit ignorieren, flott die eigene Karte ziehen, Presseladen (Süddeutsche), Bäcker (Schnitzelsandwich, Milchkaffee), ab auf Gleis 7. Huch, Verspätung. Zwei flotte Runden am Greifarmautomaten, den dämlichen Frosch dem nächstbesten Kind schenken, das gelb umrandete Raucherghetto aufsuchen, Kaffe kippen, Kippe quarzen, Zug da. Einsteigen, ab geht's. So macht man das.

Eine würdevolle Tragweite lässt sich diesem immer gleichen Ablauf übrigens verleihen, wenn man dabei auf dem iPod in maximaler Lautstärke Carl Orffs *Carmina Burana* hört, 14 Streicher und 46-köpfiger Chor sind Gesellschaft genug, da braucht es niemanden sonst.

Eigenartigerweise haben aber noch immer nicht alle Bahnreisenden kapiert, wie man es richtig macht. Wie oft, und wenn ich wie oft sage, meine ich wie oft, denn ich weiß es wirklich nicht und außerdem ist das sowieso eine Frage, wie oft musste ich mir schon minutenlange Abschiedsrituale auf dem Regionalbahngleis mit ansehen, geschüttelt von im besten Falle Fremdscham, meistens aber unverhohlenem Ekel. Wegschauen geht da leider nicht. Das Schauspiel birgt eine abstoßende Faszination in sich.

Auf Gleis 3b also stehen dann sonntagabends zwei, sagen wir mal wohlwollend: Leute, die mit Ende vierzig gerade ihren ersten Frühling erleben. Während des zurückliegenden gemeinsamen Wochenendes haben sie sich gegenseitig entjungfert. Außerdem waren sie im Zoo. Ihr unvorhergesehener Eintritt in die Gesellschaft der Menschen, die ihre Sexualorgane nicht nur ständig fotografieren und herumzeigen, sondern sie auch zweckmäßig einsetzen, oder, um es aus ihrer Sicht zu formulieren, ihr spätes Liebesglück gibt ihnen, so meinen sie, das Recht, sich in aller Öffentlichkeit ungeschickt und forsch die Zungen in den Hals und – man übt ja noch – ab und an auch in die Nase zu rammen. Das machen sie immer für eine Minute. Danach wenden sie ihre Köpfe wie Tauben nach rechts und links, bis sie endlich wieder die Bahnhofsuhr ausgemacht haben. Diese betrachten sie engumschlungen und traurig, meistens sagt der Klügere, wie viel Zeit ihnen noch exakt bleibt, meistens ist das die Frau. Nach einer halben Minute wird die Uhr dann langweilig und es wird wieder mit den Zungen experimentiert.

Derjenige, der abreist, steht dabei immer mit dem Rücken zum Gleis, der andere zur Treppe. So haben beide den kürzeren Weg, denken sie sich wohl.

Geredet wird aufgrund der Umstände wenig, allerdings fallen zuverlässig Sätze, die jedes dahergelaufene RTL-Kamerateam mit Verzücken aufzunehmen und live zu senden bereit wäre:

„Ich tu dich jetzt schon vermissen – tun", oder, einst in Tübingen aufgeschnappt, „Ich hab dich noch viel mehr lieb wie Mauldasche".

Trifft der Zug nach den unendlich scheinenden und vor allem für die Umstehenden quälenden Minuten endlich ein, darf natürlich DIE Abschiedsszene, bekannt vor allem aus Taschenromanen über Frauenärzte und Daily Soaps, nicht hintanstehen: *Er* hat innen endlich seinen Platz gefunden, *sie* steht draußen vor dem Fenster, beiden rinnt die erste Träne über die adipöse Wange. *Er* legt von innen seine Hand flach auf die Scheibe, *sie* folgt seinem Beispiel von außen. Ihre Körper trennt nur das unnachgiebige Sicherheitsglas, vielleicht bringt ihre Liebe es aber zum Schmelzen. Sie sehen sich bedröppelt bis sehnsuchtsvoll an und beginnen zu flennen wie Dreijährige, denen man die Playstation wegnimmt. Sie stehen da, greinend, die Hände an der Scheibe, und warten darauf, dass Whitney Houston aus dem Boden auffährt und den passenden Soundtrack dazu liefert. Oh Wunder, sie kann heute nicht.

Fährt der Zug dann endlich an, läuft *sie* noch wenige Schritte mit, zückt das eigens zu diesem Zweck angeschaffte Stofftaschentuch und winkt umständlich. Er fällt im Zug in sich zusammen vor plötzlichem Trennungsschmerz, sie geht aus gleichem Grund zu McDonald's.

Alles hat ein Ende, nur die Wurst hat zwei, singt sie in Gedanken und ist dem großen Philosophen dankbar, der diese tröstende Weisheit einst erdachte.

Mein derzeitiger Lebensmensch wollte mich kürzlich zum Bahnhof begleiten. Ich wusste doch, dass sich die Anschaffung der Handschellen am Bettgitter auch mal im alltäglichen Leben auszahlen würde.

Merkwürdige Dialoge: **Die Telefonfrau**

Im ICE von Bochum nach Würzburg. Ich beantworte Mails mit meinem veralteten iPhone. Eine hysterische Frau steigt zu, stolpert ins Abteil.
Sie: ICH BRAUCHE EIN HANDY!
Ich *zeige mich unbeeindruckt.*
Sie *kreischt den Mann gegenüber an, der nur Englisch versteht, wie sich schnell herausstellt*: Cell Phone! Your Cell Phone! I really really need it!
Er *zuckt die Schultern.* Sie *resigniert zunehmend.*
Ich *beschließe heroisch, die Dame aus ihrer Verzweiflung zu retten.*
Ich: Können meines haben! Was ist denn Schlimmes passiert?
Sie: Ich habe mein Handy vergessen!
Ich: Das dachte ich mir.
Sie: Im Auto von meiner Freundin. Jetzt bin ich im Zug!
Ich: Sieh an.
Sie: Heute ist Sonntag!
Ich: …
Sie: Ich habe jetzt zwei Tage lang kein Handy … wenn sie es gleich losschickt. Sie muss es gleich losschicken!
Ich: Wofür genau brauchen Sie jetzt meines?
Sie: Ich rufe mich selbst an. Also meine Nummer. Und dann sage ich ihr, sie soll es sofort in ein Paket packen. ZWEI TAGE KEIN HANDY!!!
Ich: Ja gut.
Gebe es ihr.

Sie: Das ist ja ein iPhone. Haben Sie da Wochenend-Flat?
Ich: Erm, ja.
Ich *denke: Sie wird doch nicht...*
... zehn Minuten später ...
Sie *(noch immer ins Telefon)*: ... und die Karin am Freitag! Die hat den Prosecco ja wohl auch nicht ganz vertragen. Das Kostüm hatte sie letztes Jahr auch schon an. Naja, bei ihrem Einkommen, ist ja auch nicht das Wahre. Aber muss man das jedem unter die Nase ...
Ich *übe im Fenster mahnende Blicke und schieße sie ihr entgegen.* Sie *winkt beiläufig mit zwei Fingern zurück.*
... fünf Minuten später ...
Sie *(zu mir)*: Sie sagen es, wenn Sie es wieder brauchen, gell? Ich rufe eben noch meinen Freund an.
Ich: So allmählich ...
Sie: Schatz, du glaubst es nicht! Ich hab mein Handy bei der Sabine im Auto liegen lassen. Ja, schlimm. Mööönsch. Und wie war's bei dir so?

Er hat sich Samstag mit Ralf und Heidi auf einen Cocktail getroffen, dann wurden es drei, nachmittags war er auch beim Fitness, erfahren wir. Sie wiederholt gerne die Aussagen ihrer Gesprächspartner. („Auf einen Cocktail. Mhm. ... Und dann wurden es drei. Ha!")

Auf Höhe Frankfurt bekomme ich mein Telefon schließlich mit reichlich Dank und 8 Prozent Akku zurück. Beschließe daraufhin, die Sache mit der Nächstenliebe grundsätzlich zu überdenken.

Der Eingebildete

Ein Kunstmärchen

Bildbeschreibung: Ein Mann sitzt an einem Tisch, Biedermeier-Stil. Auf der anderen Seite des Tischs ein leerer Stuhl, einladend dem Betrachter zugewandt. Der Mann wirkt konzentriert, die Stirn liegt in Falten, er ist über ein Blatt Papier gebeugt, hält eine Schreibfeder in der Rechten. Der linke Ellenbogen liegt auf der Tischplatte, der Arm stützt den Kopf. Sein Gesicht wirkt hager, ein flauschiger Backenbart verleiht ihm Fülle. Schwarze, volle Haare, glatt, rechts hinter das Ohr gestrichen, links hängen sie herunter bis auf Kinnhöhe. Eine einzelne Zigarette liegt auf dem Tisch, eine Schachtel Streichhölzer halb geöffnet daneben. Kein Aschenbecher. Ein Tintenfässchen. Eine Kerze brennt. Zwei leere Likörgläser mit langem Stiel schließen eine Flasche mit grüner Flüssigkeit ein. Die Flasche, verkorkt, markiert den Mittelpunkt der ovalen Tischplatte, auch den Mittelpunkt des Bilds. Dem Mann gegenüber hängt ein Gemälde an der Wand. Im Hintergrund, rechts, eine verschlossene Türe, mittig ein Beistellregal, daneben eine Wanduhr. Von der Decke hängt ein hölzerner Vogelkäfig herunter, mit Vogel. Sonst nichts.

Der Raum, holzgetäfelt, wirkt zweckmäßig, die Wände sind unbehangen, bis auf das Gemälde, auf dem der Fokus liegt. Farblich dominieren Braun und Schwarz, das Gesicht des Mannes liegt halb im Schatten, der Vogel im Käfig auch schwarz. Das Gemälde an der Wand schillert rötlich, drei Personen sind abgebildet.

Ich unterbreche die Bildbeschreibung und bereite mir ein Pilzragout zu. Champignons, Täublinge, Pfifferlinge, Hexenröhrlinge, ein blaugrünfleckender Kahlkopf. Dazu ein gutes Fläschchen Merlot. Schon während des Verzehrs mache ich mich wieder ans Werk.

Das Gemälde im Bild flackert jetzt gelb und flimmert wie ein Fernseher. Der Mann am Tisch hebt die Hand und winkt mir. Ich grüße freundlich zurück, sage „hallo". Er lächelt schelmisch, stützt den Kopf dann wieder auf den linken Arm und sieht auf seinen Zettel. Eine Zeitlang beobachte ich intensiv meine Schuhe und es passiert nichts. Dann überrascht mich der Mann auf unangenehme Art. Er streckt abrupt seine Hand aus dem Bild heraus, schreit: „Hinein mit dir, Kleingeist", und grapscht nach mir. Ich kann gerade noch rechtzeitig zurückweichen. Kurz bin ich wirklich perplex. Als er erneut nach mir greifen will, „hinein!", denke ich: Angriff ist die beste Verteidigung und verpasse ihm eine donnernde Ohrfeige. Augenblicklich begibt er sich wieder zurück in seine Ausgangsposition, nimmt die Feder zur Hand und konzentriert sich auf sein Blatt. Ich schnaufe erleichtert auf, grade noch mal gut gegangen, und nehme einen Schluck Merlot. Da schnellt der Typ hervor, mit seinem gesamten Oberkörper aus dem Gemälde heraus, schreit wie wild: „Hinein, hinein, du und deine Welt, hinein!", fasst mich mit beiden Armen um die Hüfte und zieht mich zu sich ins Bild. Der halbe Merlot geht dabei verschüttet.

Ich bin drin. Der Vogel im Käfig zwitschert aufgeregt, als ich plötzlich in seiner Stube auftauche. Der Mann starrt mich entrückt, fast kinskiesk, an, als wir nebeneinander auf dem harten Boden liegen und schwer atmen, meine Schulter schmerzt. Ich bekomme Angst. Er steht auf, klopft sich die Hose ab und fordert mich auf, Platz zu nehmen: „Nehmen Sie doch bitte Platz!" Ich erhebe mich und nehme Platz. Ich bin etwas eingeschüchtert. „Und nun: Silence. Ich muss arbeiten."

Ich, noch immer etwas außer Fassung, brauche eine Weile, um mich an die neue Situation zu gewöhnen – und an die Zweidimensionalität. Ich sitze dem komischen Mann gegenüber, auf dem Stuhl, den ich gerade noch als „einladend dem Betrachter zugewandt" beschrieben habe. Der Mann hat wieder seine Feder in die Hand genommen und schreibt, den Blick dabei abwechselnd auf das Blatt und auf das Bild hinter mir an der Wand gerichtet.

Die Zigarette vor mir erregt meine Aufmerksamkeit. Auf den Schock sollte man doch erst mal – ich fasse Mut und frage den Geheimnisvollen:

„Dürfte ich vielleicht die Zigarette –."

„NEIN."

„Tschuldigung, wollte ja nur mal fragen."

„Fragen kostet nichts", sagt er und wendet sich wieder dem Blatt zu.

Ich spiele etwas mit der Kerze auf dem Tisch, forme Wachsbällchen und schmelze sie wieder über der Flamme. Komisch so hier drin. Der Vogel hat mit dem Pfeifen aufgehört, schaukelt ein bisschen im Käfig herum. Der Federstiel kratzt auf dem starken Papier, wenn der Typ schreibt. Ich kann nicht mehr an mich halten. Ich muss reden, auch wenn ich schweigen muss. Egal was. „Wir sind im Bild", sage ich und kichere hysterisch. Der Mann findet das gar nicht witzig. Er ermahnt mich mit dämonischem Blick zur Ruhe. Ich gebe bei und schweige. Der Mann arbeitet weiter, ein gefühltes Fußballspiel lang, dann beginnt er wie aus dem Nichts: „Mein Vogel heißt Zwitschi."

„Da kuck", kommentiere ich und fasse Mut, das Gespräch etwas anzutreiben.

„Sagen Sie mal: Was machen Sie da?"

„Eine Bildbeschreibung."

„Ach. Wenn ich helfen kann –."

„NEIN!"

„Gut."

In seinem Gesicht macht sich ein Grübeln breit.

„Oder doch", sagt er, „sehen Sie sich das Bild hinter sich an und hören Sie mal zu."

Ich tue, wie mir geheißen. Er liest vor:

„Links folgt ein Mann mit weißer Schürze devot dem Blick seines Meisters. Dieser ist zurückgetreten, um das von ihm gemalte Porträt zu prüfen. Er steht stolz vor seinem Bild, dessen übermannsgroße Staffelei den Bildraum in zwei Hälften teilt. Die Malfläche ist dem Betrachter abgewandt. Rechts thront das Modell, männlich, schlafend auf einem Podest. Es trägt eine spanische Tracht des 17. Jahrhunderts. Das große Fenster im oberen rechten Drittel ist geschlossen. In dem Bild ist kein Vogel."

„Das war's?", frage ich.
„Ja."
„Schön."
„Gut."
„Von wem?"
„Spitzweg."
„Nein!"
„Doch. Der Porträtmaler."
„Spitzweg?"
„Der Titel."
„Aaah!"

Und so tauschen wir noch einige Minuten lang Abgehacktes aus wie in den besten französischen Komödien, bis er endlich auf die Idee kommt, sich mir vorzustellen und mir etwas zu trinken anzubieten. Die Auswahl beschränkt sich auf den Absinth, der zwischen uns steht. Er heißt Scheppler, seinen Vornamen verschweigt er.

Wir stoßen an, ich entschuldige mich für die Ohrfeige und er für seine recht rüde Ziehattacke. Doch, die Einsamkeit mache ihm zu schaffen, meint er. Schön, mal jemanden zum Reden zu haben außer Zwitschi.

„So jung kommen wir nicht mehr zusammen", sage ich und wir trinken. Absinth. Pur. Ohne Wasser. Ohne Zucker. Burnt ganz schön. Er wird mit jedem Glas lockerer, der Grundton unseres Bilds heller.

„Die Herren!", kommt es plötzlich von hinten. Ich erschrecke und wende mich um. Es ist der Porträtmaler aus dem Spitzweg-Gemälde. Er schwingt seinen Pinsel zum Gruße. „Hätten Sie Lust, uns einen Besuch abzustatten?"

Ich sehe Scheppler fragend an, der begeistert nickt. „Ich werde Zwitschi mitnehmen, damit er mal hier raus kommt."

„Nun denn, so sei es", sagt der Porträtmaler und beauftragt seinen Gehilfen, uns ins Bild zu ziehen. Scheppler nimmt Zwitschis Käfig, ich die Absinthflasche, jeder von uns eine Hand des Malergesellen, die er uns entgegenstreckt, und – flutsch – sind wir drin. Bild in Bild, wie beim modernen Fernsehen.

Scheppler macht nicht den besten ersten Eindruck. „Das scheint mir hier alles etwas aus der Mode", ist seine Begrüßung, bevor er sich weiter umsieht. „In Ihrem Bild fehlt eindeutig ein Vogel! Außerdem mieft es ganz schön in Ihrem Atelier. Kann man ein Fenster öffnen?" Ich beschränke mich auf „Ritter, angenehm."

Widerwillig lässt der Porträtmaler das Fenster öffnen, Herr Scheppler ermahnt Zwitschi, nicht wegzufliegen, und lässt ihn aus dem Käfig. Zwitschi zwitschert und flattert auf das Fensterbrett, wo er sich niederlässt und wie versteinert verharrt. Mir wird schummrig. Flecken bilden sich vor meinen Augen, meine Umwelt tauscht sich aus.

Ich sitze in meiner Bude und blicke auf das erste Bild. Herr Scheppler befindet sich in seiner Ausgangspose und fertigt seine Bildbeschreibung an. Pilze, denke ich, echt gutes Kraut, so deepe Hallus hatte ich noch nie. Ich schüttele mich klar und will mein Werk fortsetzen. Der Vogelkäfig fällt mir auf. Er ist leer.

Ich gehe zum Bücherregal im Lesesalon, den Spitzweg-Band holen. Nach etwas angestrengtem Suchen zwischen dem braven Soldaten Schwejk und Büchern in Sütterlin werde ich fündig und kehre an meinen Arbeitsplatz zurück. Ich schlage das Bild „Der Porträtmaler" auf, entstanden um 1860. Es sieht aus wie bei Scheppler an der Wand. Nur das Fenster ist geöffnet – und auf dem Sims sitzt Zwitschi.

Ich lasse den Band sinken und bilde mir ein, dass mir Scheppler aus seinem Bild heraus zuzwinkert. Ich will zum Merlot greifen, tue es und merke, dass ich die Flasche Absinth in der Hand halte, die nun in Schepplers Bild fehlt.

Was geht hier vor sich? Wie kann das sein? Wie ist mir? Wo bin ich? Scheppler zündet sich im Bild eine Zigarette an, lehnt sich in seinem Stuhl zurück und bläst mir den Rauch ins Gesicht. Er hustet. „Was rauchst du eigentlich für ein widerliches parfümiertes Kraut?", fragt er zornig, zieht meine Schachtel aus seiner Rocktasche und studiert die aufgedruckten Werte. „Das kann man ja den Hasen geben." Ein mannshoher Hase hoppelt ins Bild, nimmt ihm die Zigarette aus der Hand und verschwindet wieder. Er hinterlässt einen Köttel in Basketballgröße. „Jetzt schlägt es dreizehn", sage ich und die Wanduhr im Bild beginnt zu schlagen, obwohl wir keine volle Stunde haben.

„Wie soll man bei dem Krach arbeiten?", brüllt der Porträtmaler plötzlich los. Sein Gehilfe zuckt zusammen vor Schreck, sein Modell erwacht abrupt. „Euch werd ich's zeigen!"

Die Uhr scheint lauter und lauter zu schlagen, er vollführt einen wilden Tanz rund um seine Staffelei, wie ein Rumpelstilz, wirft die Arme von sich, entledigt sich grob seiner Baskenmütze, tunkt den Pinsel in einen großen Topf Schwarz und kleckst ungestüm auf seine Leinwand ein. Um mich herum verschwindet die Decke, die Westwand, die schlafende Katze, der Kamin, mein Stuhl, meine Beine, ich –.

Es schlägt dreizehn und alles ist nichts.

Schwerer Gewohnheitsfehler

Das Telefon klingelt.

„Ritter."
„Sohn!"
…
„Mutter?"
„Sohn!"
„Mutter!"
„Sohn! Ich habe große Computerprobleme."

Wenn meine Mutter sagt, sie habe große Computerprobleme, sind diese üblicherweise durch etwa sechssekündiges Nachdenken und maximal zwei Mausklicks zu lösen.
Andere Menschen sprechen in Verbindung mit einem kompletten Systemabsturz, einem schweren Ausnahmefehler oder einem C++ Runtime Error von *großen Computerproblemen*. Meine Mutter schon, wenn sie bei Solitaire einen Zug rückgängig machen möchte.

„Also Sohn, ich habe einen Brief getippt."
„Jaa?"
„Jetzt finde ich ihn nicht mehr."
„Wo hast du ihn denn gespeichert?"
„Woher soll ich das wissen? Ich habe einfach auf Speichern geklickt."

„Geklickert, aha. Dann klickere mal in Word oben links auf Öffnen, da siehst du dann die Dokumente, die du zuletzt bearbeitet hast."

4 Minuten später.

„Gut, ich bin dann soweit."
„Was siehst du?"
„Neues Dokument 23, Neues Dokument 24, Neues Dokument 25, …"

18 Minuten später.

„Du öffnest jetzt einfach den Neuen Ordner 13, suchst darin das Neue Dokument 28, benennst es mal ordentlich und kopierst es dann in den neuen Ordner, den du eben angelegt hast, und der hoffentlich immer noch *Briefe* heißt."
„Moment, Moment. Das geht mir alles viel zu schnell. Wie kopiere ich denn überhaupt?"
„Das erkläre ich dir JEDES Mal, wenn wir telefonieren, und JEDES Mal schreibst du es dir auf irgendeinen Pappzettel, den du einen Tag später für Müll hältst."

3 Minuten später.

„Mutter! Du hast mir *einmal* erklärt, dass das Schaf määäh macht, und ich habe es sofort verstanden. Ich erkläre dir grade zum fünfzigsten Mal Copy & Paste und du kapierst es immer noch nicht.

Das kann doch nicht sein, da stimmt doch was nicht. Vielleicht wäre jetzt der passende Augenblick, mir zu sagen, dass ich adoptiert bin."

„Sohn!"

Ich mag diese Situationen, in denen ich mal die erzieherische Oberhand habe, sehr. Bevor sie kontern und mir vorwerfen kann, dass mein Studium schon vor drei Semestern hätte beendet sein können, ich mir Hosen kaufen soll, die so lang sind wie meine Beine oder jeden Tag einen Apfel essen soll, lege ich einfach auf.

10 Minuten später.

Ich bereue mein Tun und schreibe Mutter eine Entschuldigungsmail.

2 Wochen später.

Ich bin zuhause auf Besuch und zeige ihr, wie sie sie öffnet.

Merkwürdige Dialoge: Das Stuckrad

Nach seiner gefeierten Lesung im Bamberger Audimax tauchte Benjamin von Stuckrad-Barre unvermittelt auf einer WG-Fete auf. Er hielt sich eng an einen Germanistikstudenten aus Göttingen, Heimat verbindet, und trank die dargereichten unterschiedlichen Weine in einem Tempo aus, als wäre die nächste Entzugsdoku schon mit Herlinde Koelbl abgemacht.

Nachdem er sich ins eigens dafür gebastelte Goldene Buch der WG eintragen durfte, stand er weit nach Mitternacht irgendwann neben mir und ich sprach ihn ob der Entertainmentlastigkeit seiner Texte und seines Auftritts auf seine Meinung zu Poetry Slams an. Nicht sonderlich hoch, kann man die umständliche Antwort kurz zusammenfassen. Verlegen sah ich im Raum herum und entdeckte an der Stuckdecke der Altbauwohnung eine Verzierung, von der ich annahm, sie würde den Gesprächsfluss aufrechterhalten:

Ich: Sieh mal, ein Stuckrad.

Auf grandiose Wortspiele betrunkener Studenten hatte er augenscheinlich keine Lust, was er durch wortlosen Abgang Richtung Küche ausdrückte. Wenige Stunden später ergab sich die gleiche Gesprächskonstellation noch einmal, um es vorwegzunehmen, mit gleichem Ausgang:
Ich: Ich hab zufällig 'ne Geschichte von mir dabei.

Die kann ich dir ja mitgeben und du mailst mir, was du davon hältst.
Er: ...
Ich: Ist nur fünf Minuten lang.
Er: Ach, das hat doch keinen Sinn!

Der Führer

„Wir gelangen nun zum Zentrum der Stadt. Sie sehen Neptun, der einen Dreizack in der Hand hält. Im Volksmund wird er Gabelmoo genannt. Zu seinen Füßen sehen wir Straßenmusikanten und junge Leute, die Kaffee aus Pappbechern trinken. Meistens rennt auch ein Kind um den Gabelmoo herum, das kann wohl heute nicht. Dort am Rand sehen wir die Bamberger Punkszene, das sind die beiden mit dem Dosenbier: Sie winken uns freundlich zu."

Die Reisegruppe muss ihre Foto- und Videogeräte nicht erst zücken, sie hält sie sich permanent vors Gesicht. Mir, dem als Führer der Gruppe eigentlich die Herzen zufliegen sollten, wird wenig Beachtung geschenkt. Ich werde gedolmetscht und in die Kopfhörer der etwa 30 Japaner und Japanerinnen übersetzt. „Gibt es noch Fragen?", frage ich. Natürlich nicht, es gibt nie Fragen. Es kommt nur auf die Bilder an. „Beautiful City", sagt einer und ich führe die Gruppe durchs alte Rathaus hindurch schließlich zum Dom.

„Hier sehen wir den Bamberger Reiter. Ein Highlight unserer Führung. Wenn Sie genau hinsehen, bemerken Sie, dass das Pferd den Boden nicht berührt, es schwebt sozusagen. Faszinierend, nicht? Gibt es noch Fragen?"

Tatsächlich hebt sich nach dem üblichen Blitzlichthagel eine Hand. Ich bin zunächst irritiert, lasse den Finger kreisen, als ob ich eine Auswahl hätte, und gebe dem Mann das Wort: „Ja bitte, der kleine Japaner mit dem Hut."

Der Dolmetscher hört ihm geduldig zu, nickt, nickt, übersetzt mir dann: „Herr Osikama möchte wissen, ob es hier einen Automaten mit getragenen Damenslips gibt."

„Wollen Sie mich verarschen?", frage ich. Meine Frage wird übersetzt, die Reisegruppe kichert, Herr Osikama antwortet, er wird übersetzt: „Nein."

„Wir sind hier im Dom. In – äh – einer großen Kirche. Da können Sie doch keinen Automaten mit getragenen Damenslips erwarten. Mal ganz davon abgesehen, dass es das meines Wissens nach auch sonst nirgends in Deutschland gibt."

Ich werde übersetzt, Herr Osikama sieht plötzlich sehr traurig aus. Er kratzt sich angestrengt die Nase und hat merklich eine Idee. Er redet lange und wird mir übersetzt:

„Herr Osikama wüsste gern, ob Sie eine Freundin haben und, falls dem so ist, ob sie ihm eventuell einen getragenen Slip verkaufen könnte."

„Nein", sage ich.

Die Reisegruppe tauscht entgeisterte Blicke. Manche filmen noch immer den Reiter, manche die Decke, den Boden oder sich gegenseitig beim Winken. Herr Osikama hat erneut eine Idee.

„Herr Osikama sagt, für den Fall der Fälle, der ja nun leider eingetreten sei, habe er einen frischen Slip mitgebracht. Er würde nun notgedrungen Sie bitten, ihn für den Rest des Tages zu tragen. Danach sollen Sie ihn bitte einvakuumieren und ihn ihm morgen an den Frühstückstisch bringen, er würde gerne zum Yasmin-Tee daran schnuppern."

Plötzlich sind alle Kameras gesenkt und dreißig japanische Augenpaare starren mich erwartungsvoll an. Ich bin etwas aus der Fassung und überlege, ob es denn vielleicht sein kann, dass japanische Reisegruppen so ähnlich wie Hunde das Stadium der geistigen Pubertät nie hinter sich lassen. Kann nicht sein. Der meint das ernst. Die meinen das ernst. Herr Osikama fügt etwas hinzu. Der Dolmetscher sagt: „Er bietet Ihnen 60.000 Yen!" Ich bin fertig. Ich überlege. Ich frage: „Was ist das in Euro?"

„Etwa 500", ist die Antwort.

Ich überlege. Das wären so zehn bis 15 Stadtführungen und eigentlich muss ich dazu ja gar nicht viel machen. Eine andere Hand hebt sich.

Übersetzer: „Herr Sato bietet Ihnen 100.000 Yen mehr, wenn Sie sich von ihm fotografieren lassen."

Klar, mache ich.

Er fährt fort: „Mit einer Miniatur des Bamberger Reiters im Anus."

Ich überlege. Ich rechne. Ich überlege vertieft. „Dann lieber das mit dem Slip", sage ich nach einer Weile.

Die Gruppe tuschelt.

„Dafür bekommen Sie jetzt nur noch 30.000 Yen."

„Was?"

„Die Gruppe ist eher von der Idee mit dem Reiter begeistert."

„Okay, okay, ich mach das mit dem Slip auch für 30.000."

Die Gruppe rumort.

Übersetzer: „Sie sind Ihnen nicht wehrhaft genug. Der Preis wird halbiert."

„Was? Ich soll für läppische 15.000 Yen eine Nacht lang einen Frauenslip tragen? Ich bitte Sie, das können Sie nicht ernst meinen. Sagen wir 25.000 und die Sache ist geritzt."

Übersetzer: „Nix da. 15.000. Und Herr Osikama hätte gern noch einen Videobeweis."

Die Gruppe kichert. Ich protestiere lautstark.

Eine alte Nonne tritt hinter einem Pfeiler hervor und mischt sich ein: „Gibt es hier ein Problem?"

Ich beobachte, wie sich Herrn Osikamas Gesicht merklich aufhellt. Er brabbelt auf den Dolmetscher ein und weist wiederholt mit seinem Kopf in Richtung der Nonne. Nein, er kann doch nicht … Ich möchte einschreiten, doch plötzlich legt sich eine Hand über meinen Mund und ich werde von zwei Gruppenmitgliedern festgehalten.

Der Dolmetscher setzt an: „Gnädige Schwester, Herr Osikama zeigt Interesse an Ihrem Büstenhalter. Er bietet Ihnen 120.000 Yen dafür. 20.000 mehr mit Milcheinspritzung."

Ich kann mich auf dramatische Art befreien und versuche, die Sache so gütlich wie möglich zu regeln:

„Was? Die knittrige Alte bekommt 100.000 mehr als ich? Ihr seid perverse, sexuell missgeleitete Menschen, wisst ihr das? Ihr solltet euch was schämen."

Ohne die Übersetzung abzuwarten, blickt die Gruppe demütig zu Boden. Ich versichere gegenüber der Nonne, dass wir lediglich die Vertreibung der Händler aus dem Tempel szenisch nachgestellt haben, mit mir in der Jesusrolle. Sie glaubt es, das ist ihr Job.

„Jesus war schlanker als Sie", stichelt sie hinterher und verschwindet so abrupt, wie sie vorher erschienen ist, in den Tiefen des Doms.

Herrn Osikamas Blick löst sich vom Boden, er sieht mich gönnerhaft an und hebt einen Daumen. Der Dolmetscher lässt mich wissen, dass das Angebot wieder steigt. 50.000.

Herr Osikama fummelt in seinem Mantel herum, wohl auf der Suche nach dem türkisen Slip Größe S, den ich für ihn tragen soll. Mal ehrlich, ich kenne genügend Leute, die sich für weniger Kohle mit mehr Aufwand prostituiert haben. Sofern Herr Osikama nicht der japanische Botschafter ist, wird WikiLeaks auch nicht über unseren Handel schreiben und keiner erfährt davon. Ich gehe auf ihn zu, um mein Schicksal entgegenzunehmen.

„STOPP", schreit die alte Nonne von hinten. Ich drehe mich nach ihr um. Ihr Gewand sitzt etwas schief, sie hält ihren Büstenhalter in der Hand. „Das mit der Milcheinspritzung wird nicht klappen, aber das Geschäft klingt gut."

So ein Miststück. Nimmt er sie, braucht er mich nicht und sie wird ihren Lohn nicht mal selbst behalten, sondern ihn an Bedürftige weitergeben oder die Kirchenglocken neu stimmen lassen. So eine Ungerechtigkeit, abartig!

Herr Osikama wirkt verwirrenderweise verängstigt, als die Nonne ihm ihr Zaumzeug entgegenhält. Er duckt sich und hält die Hände schützend über seinen Sonnenhut. Die Reisegruppe im Ganzen weicht einige Schritte zurück und wirkt pikiert. Was ist da los?

„Was ist da los?", frage ich unseren Dolmetscher. Er grinst. Er grinst abwechselnd mich und die Nonne an, die das Beweisstück mittlerweile hat im Ärmel verschwinden lassen. Ihr Gesicht hat sich Richtung ungarische Spitzpaprika verfärbt. Der Dolmetscher beginnt, wie irr zu lachen, es echot im Gotteshaus, er zeigt mit ausgestrecktem Finger auf mich und lacht – und lacht. Ich begreife. Heute war wohl nicht ich der Führer.

Mädchen, da geht's lang

Ich stand an einer unbefahrenen Kreuzung und war mit dem Versuch beschäftigt, mich zu orientieren. Ein Kind hüpfte mir entgegen, vielleicht einsfünfzehn groß, ein Mädchen.

Es trug ein helldunkelblaukariertes Kleidchen, das nach H&M aussah, und ihre Zöpfe wippten zusammen mit ihrer kindlichen Fortbewegung. Sie sah nach links und rechts, nicht bevor, sondern während sie auf die Straße sprang, die letzte Straße, die uns trennte. Neben mir kam sie zum Stehen und starrte mich an. Ich sah weg. Sie lief um mich herum, blickte nach oben und quäkte: „Siäää, wo geht's laaaang?"

Ich antwortete: „Mädchen, du fragst *mich*, wo es langgeht? Mich, der hier mit Rucksack, Reisetasche, einem Stadtplan und ungewaschenen Haaren steht. Mich fragst du, wo es langgeht. Hast du keine Augen im Kopf? Mädchen, du musst noch viel lernen."

Darauf das Mädchen „Wo geht's laaaang?", was mich vermuten ließ, dass wir uns möglicherweise auf einer Metaebene bewegten, es ihr gar nicht wirklich um den Nachhauseweg ging, sie die Frage in einen größeren Kontext stellte.

Ich sagte zu ihr: „Mädchen, soll ich dir mal erzählen, wo es für dich langgeht? Also, wir kennen uns jetzt nicht so richtig, aber, schau dich an, du bist ein Kind. Wie alt magst du sein? sieben, acht, zehn, zwölf, ich kenn mich da nicht so aus, aber:

Schau dir mal die Straße hier an. Diese Straße, das ist dein Leben. Da vorne hört sie auf, schau, am Bahnhof, das kann man von hier aus sehen. Aber, Mädchen, auf die Abzweigungen kommt es an. Jede Seitenstraße, meinetwegen auch die Dönerbude hier und der Orientteppichladen, das sind die Nebenwege, die du gehen kannst, wenn es dir gefällt und wenn du sie überhaupt siehst. Das musst du dir merken. Werden wir mal konkret, Mädchen, dein erster Weg:

Eines Tages twittert dir deine beste Freundin einen Link zu einem Musikvideo. Ohne zu wissen, was dieser eine Klick für dein Leben bedeuten wird, tätigst du ihn und tauchst in eine neue Welt ein. Wow, dieser Typ, kaum fünf Jahre älter als du, mit seinen halblangen schwarzen Emo-Haaren und der Glitzermütze, das ist, das ist, ist das nicht ... Jimmy Blue Ochsenknecht ... oder Laurin Buser? Wow! Du bist auf der Stelle verliebt. Du ergoogelst dir in vier Stunden sämtliches Wissen über ihn, weißt jetzt, dass er kein Chicorée mag, dafür aber Eichhörnchen, dass er seine Liedtexte zwar nicht selbst schreibt, aber schon sehr darauf achtet, dass er sich mit ihnen identifizieren kann. Manchmal braucht er bei der Übersetzung Hilfe, sein Englisch ist nicht so toll, da hatte er letztes Schuljahr eine 4. Außerdem steht er auf süße Mädchen mit Sommersprossen auf der Nase und du *hast* Sommersprossen auf der Nase. Du löschst deinen kompletten Musikordner und ziehst dir bei iTunes alle seine Lieder. Du willst nie mehr etwas anderes hören und nur, nur, nur noch ihn sehen. Du tapezierst dein Zimmer mit seinen Starschnitten und schreibst täglich in sein Gästebuch, „Hey, wie geht's dir? Mir gut. Vielleicht antwortest du diesmal." Fünf Fragezeichen, zwanzig Ausrufezeichen. Du kaufst dir seine autorisierte Biografie mit dem Titel „Teenage Hengst – mein Leben bis 17". Eines Tages kommt eine Mail von ihm, in der er sich bedankt, dass du immer so fleißig schreibst. Außerdem liebt er alle seine Fans, sagt er, also auch dich, und, nebenbei, nächste Woche kommt ein neuer Song raus. Ganz liebe Grüße, xD. Dass die Mail von einem Universal-Mitarbeiter verfasst wurde und an 12.000 Adressen ging, kannst du nicht wissen. Du tanzt drei Tage lang freudentrunken zu seinem Lied „Love on the Bicycle". Dann meldest du dich bei einer Castingshow an. Du singst seine Lieder und bekommst gesagt, dass du eine Planschkuh bist und dass du mal im Asylbewerberheim vorsingen sollst, dann hätten wir keine Einwanderungsprobleme mehr. Das ist dein Tiefpunkt. Du weinst wochenlang und beginnst, die Menschen zu hassen. Bis auf *ihn*. Aber *er* schreibt dir nicht mehr, hat er ja auch noch nie, singt weiter seine Konzerte und lässt sich von den Teeniemedien durchnudeln. Du glaubst immer noch, dass er dich liebt und es erkennen wird, wenn ihr euch mal persönlich seht. Pech gehabt.

20 Jahre später wirst du ihn durch einen Zufall treffen. Seine Karriere ist schon lange gelaufen und dein psychischer Knacks zu einer tiefsitzenden

Wunde geworden. Eure Begegnung verläuft unspektakulär, bis du mit einem Backstein auf ihn einschlägst. Im Frauenknast verliebst du dich in den Wärter von Block B. Tja, Mädchen, so wird es laufen. Was sagst du dazu?"

Das Mädchen wirkte verstört. Es sah etwas ängstlich um sich, machte wohl den kürzesten Fluchtweg aus. Ich packte es am Arm. „Mädchen, du hast mich gefragt, wo es für dich langgeht. Du musst dich jetzt den Realitäten stellen. Also pass auf. Es kann ja auch ganz anders kommen. Dein zweiter Weg:

Du bist jetzt arg fleißig in der Schule, lernst ein Instrument, Querflöte würde passen, weil es deine Eltern so wollen. Du erledigst deine Hausaufgaben akribisch und ordentlich, das G8 erspart es dir, allzu viele Freizeitaktivitäten außerhalb der Schule ausüben zu müssen, zum Beispiel mit Freundinnen treffen. Wenn du so mit 15, in der ersten Blüte deiner Jahre, die Chance bekommst, mit deinem Traumtypen, er wird Marcel oder Brooklyn heißen, oder beides, und ein paar anderen ins Freibad einzubrechen, um ein paar Runden vom Sprungturm zu hüpfen, nackt natürlich, und dich danach romantisch auf dem Beachvolleyballfeld entjungfern zu lassen, dann sagst du „Mmmh, nö", weil du das mit dem endoplasmatischen Retikulum noch nicht ganz kapiert hast und Montag ist schließlich Bio. Auf dem Nachhauseweg denkst du zum ersten Mal: „Sollen sie doch, ich will später 'nen guten Job". So lebst du weiter, wirst Kopfmensch durch und durch. Abischnitt 1,2, das war auch echt gemein mündlich, und dann ein ordentliches Studium. Eines, das dich weiterbringt. Europäische Wirtschaft. Bachelor. Du knüpfst Kontakte, beruflicher Natur, vernetzt dich, machst Praktika, international, Studium in Regelstudienzeit und schnell noch den Master drangehangen. „Summa cum" sagst du, klingt ohne „laude" echt freaky. Dann geht der Kampf los. Du machst Karriere. Unter Entspannung verstehst du es, in einer Hotel-Lobby Wasabi-Nüsse zu knabbern und den Wein zurückgehen zu lassen. Danach, wenn du gut drauf bist, vielleicht ein Callboy. Beziehungen hältst du für Quatsch und Kinder, „Kinder? Vielleicht mit 40." Plötzlich hört deine biologische Uhr auf zu ticken und du hast es gar nicht bemerkt. Du bist mittlerweile im Vorstand eines börsennotierten Unternehmens in Dubai oder der Schweiz und vertreibst dir die Zeit vor dem Einschlafen gerne mit dem Zählspiel „Wie viele Leute arbeiten unter mir?" Dabei springen sie alle durch einen brennenden Reifen und du bist die Dompteuse mit der Peitsche. Zu deinem Ausstand bekommst du ein Collier mit Firmenemblem und wirst von nun an alljährlich zu Weihnachten und zur Hauptaktionärsversammlung eingeladen. Das war's.

Wenn du dich umschaust, merkst du, dass du die Straße immer nur geradeaus gegangen bist, ohne mal aus Neugier in eine Seitengasse zu lugen. Du warst straight, hattest dein Ziel, hast es erreicht, fertig. Jetzt stehst du allein da, mit einem Haufen

Geld, das du niemals allein tragen kannst, selbst in Scheinen nicht. Also beschließt du irgendwann, täglich darin zu baden. Die Idee hast du aus einem Lustigen Taschenbuch, das du im Alter von 71 zum ersten Mal gelesen hast. Durch einen kuriosen Zufall wirst du bei einem deiner Geldbäder vom Hausmeister erwischt, ein Arzt wird hinzugezogen, mehrere unabhängige Begutachter attestieren dir ein fortgeschrittenes Stadium von Altersdemenz, was zu deiner Entmündigung führt. Da du dir keine Familie zugelegt hast, wird dein Vermögen wohltätigen Zwecken zugeführt, du kommst ins Heim und erlebst weitere 13 Jahre durch einen blassrosa Schleier, der fleißig mit Tabletten aufrechterhalten wird, sonntags ist er grün. So, Mädchen, so wirst du enden. Willst du das?"

Ich sah nach unten und merkte, dass sie verschwunden war. Nur ein Bonbonpapierchen zeugte von ihrer Anwesenheit. Vielleicht hatte sie ihren Weg doch schon gefunden.

Merkwürdige Dialoge: Lookalike (mit und für Matthias)

Er: Schau mal, der da drüben. Das ist so ein typischer Lookalike.
Ich: Was willst du jetzt damit sagen?
Er: Na, so ein Lookalike eben.
Ich: Und wem sieht er ähnlich?
Er: Er muss doch keinem ähnlich sehen! Also komm, du weißt doch, was ich meine.
Ich: Nö. Kannst du Englisch?
Er: Na, aber!
Ich: Ich erklär dir das mal. Ein Lookalike ist jemand, der einem anderen recht ähnlich sieht, sagt doch das Wort schon. Meistens ist der andere ein Promi oder jemand, der halt bekannter ist als er. Jemand, mit dem man ihn vergleichen kann. Du verstehst? Zum Beispiel wird zu *mir* ja relativ oft gesagt, ich sähe aus wie Til Schweiger, wobei ich immer dachte, ich würde eher so in die Johnny-Depp-Richtung gehen. Naja, die haben halt alle keine Ahnung. Bei dir ist der Fall aber klar. Du bist eindeutig ein Lookalike von Peter Bond. Dem, der früher das Glücksrad moderiert hat und vorher in Pornos und danach im Dschungel war.
Er: Aber von dem sagen doch immer alle, er sähe aus wie Pierre Brice.
Ich: Da ist was dran. Dann siehst du eben aus wie Pierre Brice.
Er: Will ich aber nicht.
Ich: Tust du aber.

Er: Du siehst überhaupt nicht so aus wie Til Schweiger! Eher wie, äääähm.
Ich: Na?
Er: Wie der eine aus der Lindenstraße.
Ich: Til Schweiger *hat* doch früher in der Lindenstraße gespielt. Das war sein Karriereauftakt. Er war der Sohn von Andy Zenker, Jo Zenker, der Bruder von Iffi und Walze.
Er: Ich meine ja auch den anderen.
Ich: Ach den anderen!
Er: Na, diesen Penner, den Kleinkriminellen, der mal die Dings heiraten wollte, die, äääähm, die eine Schlampe halt.
Ich: Tanja? Die ist doch lesbisch.
Er: Das war sie noch nicht, als sie mit dem alten Sarikakis und mit Doktor Dressler gevögelt hat.
Ich: Jedenfalls, wenn du mal wieder jemanden als Lookalike bezeichnest, was du damit auch immer auszudrücken versucht hast, „Möchtegern" würde eigentlich naheliegen, aber wenn du das mal wieder tust, dann musst du eben auch irgendwen nennen, der der Person ähnlich sieht. Es gehen nicht alle so cool wie ich damit um, wenn jemand versucht, durch die Nutzung von Fremdworten Eindruck zu hinterlassen, diese dann aber völlig falsch gebraucht. Capiche? Sei froh, dass das unter uns bleibt und ich es keinem weitererzähle. Wenn ich gemein wäre, könnte ich es auch in einen Text einbauen.
Er: Mach doch.
Ich: Wie, mach doch?

Er: Was du da immer erzählst mit deiner Schreiberei, das glaubt dir doch kein Mensch. Als ob dir freiwillig mehr als drei Leute auf einmal zuhören würden. Und das auch nur, wenn sie nach dem Weg fragen. Ha. Der war gut.
Ich: Du hast es so gewollt, dann schreib ich 'nen Text über dich. Wirst schon sehen.
Er: Mach doch!
Ich: Mach ich auch.
Er: Okay.
Ich: OKAY!

Publikumsinteraktion

„Ich schnitt mir eine Scheibe Brot ab. Mit dem Brotmesser. Und schmierte Butter darauf. Mit dem Buttermesser. Kurz verharrte ich und sann über das Leben nach. Dann biss ich hinein. Ein Krümel fiel mir auf das baumwollne Hemd, das mir meine Frau geschenkt hatte, zum Nationalfeiertag. Ich öffnete den Kurier und las zuerst die Todesanzei–"

Genauso hab ich mir das vorgestellt, da geht man zu 'ner Lesung, obwohl man den Autor nicht kennt, nur weil dieser Vegetarier in der Mensa erzählt hat, er würde „irgendwie fesselnd" schreiben können, und weil er bei Suhrkamp und Österreicher ist, zahlt dann noch zwölf Euro Eintritt, weil man seinen Studentenausweis vergessen hat, und darf sich was übers Butterbrotschmieren anhören. Da kann ich ja gleich Thomas Mann lesen. Wobei, irgendwie sehne ich mich grade sogar nach so 'ner richtig gekonnten fünfseitigen Zimmerbeschreibung. Ich –

„kannte keinen der Verstorbenen und atmete erleichtert auf. Ich sagte meiner Frau, dass ich sie liebe, und drückte ihre Hand. Sie liest zu Anfang am liebsten das Feuilleton. Wenn ..."

das so weitergeht, halte ich's nicht mehr allzu lange hier aus. Ich mein, der Typ liest schon 'ne halbe Stunde, und wir sind immer noch beim Frühstück. Vielleicht einfach mal mein Handy klingeln lassen, dann habe ich einen Grund, sage irgendwas wie „Jetzt kommt es, oh mein Gott." oder

„Endlich, die Entführung ist vorbei." und renne einfach nach draußen. Aber wie stellt man das eigentlich ein, dass es von selbst klingelt? Wenn ich 16 wäre, wüsste ich das sicher. Es

„schellte an der Türe. Als meine Frau sich erhob, um zu öffnen, knarzte der Stuhl unter ihr auf dem Holzfußboden. Sie ging gemächlich zur Türe und blickte durch den Spion. Dann wandte sie sich um zu mir, schnaufte auf und teilte mir mit: Hans-Peter, es ist Hochwürden. Gott sei Dank, stieß ich aus. Hochwürden. Öffne bitte, Lies..."

-t der heute zum ersten Mal oder was? Hat das dem jemals jemand beigebracht? Der könnte diesen Erzähler für Blinde machen, bei 'nem Film auf arte, aber nur, wenn das Bild hängt. Wie kommt so einer überhaupt an einen Ver–?

„... lag wie immer auf der Kommode, Hochwürden war erfreut, sie zu sehen. Jedes Haus braucht zumindest eine Bibel, sagte er und bekreuzigte –"

Sich dann auch noch zu denken, dass der Mist irgendwen interessieren würde. Die Frau da drüben schläft schon seit zehn Minuten. Der tropft sogar der Speichel aus'm Mund. Naja, so wie die aussieht, wenn die wach ist, schaut sie auch keiner –

„An diesem Sonnabend falle die Kirche aus, teilte er mit. Liesl und ich zeigten uns betrübt. Dennoch, ich bot ihm an, mein Brot mit ihm zu teilen. Daraufhin er: So genau müssen Sie es auch nicht nehmen mit der Bibel. Hmhmhm."

Warum lachen die jetzt alle? Ist wer vom Stuhl gefallen vor Langeweile? Lange mache ich das nicht ...

„... mehr mit, sagte Liesl. Die Kirche sei letzten Herbst schon einmal ausgefallen. Da könne sie ja gleich Lutheraner werden und alle Weihnacht einmal beten. Hochwürden pflichtete ihr bei, was die Lutheraner betrifft. Anschließend benutzte er einen Kraftausdruck für sie, den es sich nicht geziemt, zu wiederholen."

Und jetzt lassen wir mal das Publikum den Kraftausdruck raten. Dann kann das hier noch ganz spaßig werden. Bittebittebitte.

„Meine Damen und Herren, Sie dürfen nun raten, was Hochwürden über die Lutheraner sagte."

Hat er das jetzt wirklich gesagt?

„Niemand?"

Telekinese wahrscheinlich.

„Kommen Sie, das macht Laune. Immer heraus mit den Kraftausdrücken."

„Arschloch!"

„Nein, junger Mann, Sie müssen schon den Plural verwenden. Wissen Sie, was der Plural ist?"

„Ich weiß auch, wie ich in zehn Sekunden mehr als ein Wort sagen kann."

„Bleiben wir beim Thema, bitte!"

„Wichser!"

„Schon mal nicht schlecht. Es geht in die richtige Richtung."

„Deine Mudder geht in die richtige Richtung."

„Das tut sie, fürwahr. Immer geradeaus, den rechten Weg."

„Pissnelke!"

„Möchte auch mal jemand anders?"

„Pottsau!"

„Nein?"

„Kackarsch!"

„Junger Mann, so allmählich ..."

„Impotenter Wurzelzwerg!"

„Ich bitte Sie!"

„Fäkalgesicht!"

„So was hab ich ja noch nicht ..."

„Pappnase!"

„Richtig! Hochwürden sagte, die Lutheraner seien alle Pappnasen. Anschließend –"

„Schluchtenscheißer!"

„Die Publikumsinteraktion ist vorüber. Zügeln Sie sich bitte!"

„Pimmel!"

„Junger Mann!"

„Ich kann nix dafür, ich hab da so ein Tourette-Syndrom."

„Das gibt es in Österreich nicht."

„Tut mir leid, wenn ich einmal angefangen habe, kann ich nicht mehr aufhören. Rindvieh!"

„Ich bitte Sie!"

Und so brachte ich es fertig, der langweiligen Lesung doch noch frühzeitig zu entkommen und den Autor noch einige Male mehr wissen zu lassen, was ich von ihm halte. Und von seiner Mutter. Allen, die tatsächlich unter dem Tourette-Syndrom leiden, ein herzliches „ASCHLCH" – und viel Spaß beim Ticken!

Tante Emma must die

„Nee, ham wa nich", sage ich, obwohl noch ein ganzer Haufen davon hinten im Lager liegt.

Die Kundin wird traurig und erzählt mir, dass sie doch extra deswegen hergefahren wäre, sie wohnt doch draußen auf dem Land und seit die Frau Habichvergessen, das war ja auch 'ne Sache, Krebs und so, und es den kleinen Laden nicht mehr gibt, muss sie ständig immer extra mit dem Auto, und das bei diesen Spritpreisen. „Tja, das tut mir leid, aber da kann ich auch nix machen", sage ich, „das ist nun mal so, diese Lieferanten waren auch mal zuverlässiger. Sonst haben die immer innerhalb von einem Tag, und jetzt, auf keinen kann man sich mehr verlassen."

Ich hab einfach keinen Bock, schon wieder die 50 Meter ins Lager zu laufen, denke ich, sag ich natürlich nicht. Seit ich den Praktikanten rausgeschmissen hab, weil er zu faul war und von meiner Buttermilch getrunken hat, muss ich die ganze Scheißarbeit ja selbst machen und ich werd hier schließlich nicht fürs Dauerlaufen bezahlt.

Die Kundin ist jetzt kurz vorm Heulen, weil der Weg schon wieder umsonst war, das passiert ihr ständig, sagt sie und ihre Augen sind schon ganz rot. Das macht mich irgendwie an. Ich schreibe ihr meine Telefonnummer auf und sage, dass sie mich jederzeit anrufen kann, um zu fragen, ob die Lieferung da sei. Auch sonst, wenn sie irgendwelche Probleme habe. Man hilft ja gerne. Dabei zwinkere ich vieldeutig. Sie erzählt von ihrer Mutter, die nichts mehr sehen kann und im Rollstuhl sitzt und rund um die Uhr von ihr gepflegt wird, weil mit den kleinen Geschäften klappt es auch nicht mehr so gut. Sie ist froh, wenn sie mal rauskommt, unter Menschen, gesunde Menschen, aber ihre Mutter geht ihr einfach nie aus dem Kopf. „Das tut mir leid", sage ich und verlange meine Telefonnummer zurück, weil ich angeblich zwei Ziffern vertauscht habe. „So, jetzt stimmt's wieder", sage ich und bin erleichtert und denke, dass sie ja auch wiederkommen kann, wenn die Mutter tot ist. „Ich wünsche Ihnen viel Kraft", sage ich, weil das immer alle sagen, die nicht wissen, was denn jetzt das Passende wäre, die anderen meinen es aber meistens ernst.

„Jetzt aber Mittagspause", merke ich an und schmeiße neben ihr auch noch die drei anderen Kunden raus, die die ganze Zeit hinter ihr gewartet haben. Öffnungszeiten sind Öffnungszeiten, in einer Stunde dann wieder. Die Kunden protestieren und ich drohe mit Hausverbot. Sie gehen, sagen, dass sie nie mehr wiederkommen, bei dem Service.

Ich bin froh über meinen Freizeitzuwachs und schließe ab. Pause.

Quarkzwerge enthalten viermal mehr Eisen und wichtige Vitamine als andere Fruchtgeschmacksprodukte. Das fördert den Aufbau gesunder Kinderknochen.

Sehen Sie den Vergleich: Die Beine des linken Jungen brechen bereits beim ersten Hieb mit der Eisenstange. Der Junge rechts hatte über zehn Jahre nur Quarkzwerge als Pausenbrot. Bei ihm mussten wir dreimal zuschlagen. Quarkzwerge. Zum Wohl Ihrer Kinder!

Pause vorbei, ich mach wieder auf. Keiner da. Ich stelle mich hinter den Verkaufstresen und übe meinen missmutigen, abweisenden Gesichtsausdruck, der aussagt: „Fragen Sie lieber nicht, wenn Sie noch mal frühstücken wollen". Den hab ich perfekt drauf. Ein Kunde kommt rein. Oh mein Gott, denke ich, was'n das für einer. Die Antwort kenne ich. Ich kenne sie genau. Meine Menschenkenntnis ist berüchtigt. Ich sehe die Leute an und weiß, wie sie drauf sind und was sie wollen. Er will eine Stange Zigaretten. Marlboro. Warum? Ganz einfach.

Er sieht ganz normal aus, der Typ, also normal im Sinn von nicht schwul oder so, wie der Durchschnittstyp Familienvater Mitte dreißig. Aber den Bartwuchs so hingepflegt, dass es ein bisschen assi aussieht, für andere, für ihn natürlich eher verwegen und Rock 'n' Roll und so. Sein Bartwuchs sagt aus: „Sieh mich an, ich bin ein Mann, einer der wenigen, die es noch gibt, ein echter, ein männlicher Mann, keine metrosexuelle Fitnessstudioschwuchtel mit roten gestrickten Handschuhen ohne Finger, die den Namen ihrer ADS-Kinder auf den wachsenthaarten Unterschenkeln tätowiert hat und kein drittes mehr in die Welt setzen möchte, weil es dann asymmetrisch werden würde, das Tattoo. Es sind ja schon jeweils drei Zeilen besetzt, weil die Kinder nach ihrem Zeugungsort, irgendeinem mateteesaufenden Aktionskünstler aus Berlin und der aktuellen Nummer 1 der Downloadcharts an ihrem Geburtstag benannt sind." Nein, so einer ist er nicht, er ist noch einer von der harten, der kernigen Mannsorte, denen es nichts ausmacht, den ganzen Sonntag lang mit einer ölverschmierten Backe auf dem Sportplatz herumzulaufen, um zu demonstrieren, dass man samstags an seinem Auto gebastelt hat, weil man es eben kann, weil man ein Mann ist, und deshalb auch einer täglichen Dusche nicht die oberste Priorität im Leben einräumt. Er ist ein Mann, der, wenn er sich beim Holzfällen im Wald mit der Axt den halben Fuß abgehackt hat, daraufhin Sachen sagt wie „Is' doch nur 'n Kratzer. Deswegen muss ich nicht zu so 'nem studierten Weißkittel rennen. Da schütten wa 'ne halbe Flasche Schnaps drüber, dann geht das wieder." So einer ist das, genau so einer.

Die Haare in seinem Nacken würden einem fünf Jahre zurückreichenden Drogentest standhalten, aber man würde natürlich nichts finden, weil dieses Kiffzeug ist doch nur was für Hippies, die ständig im Kreis sitzen und über ihre Gefühle reden, PACK!, nein, so was würde er nie anrühren. Er raucht puren, legalen Tabak, und natürlich findet er die großen Plakate und die Kinowerbung geil, wo der Marlboro-Cowboy durchs Marlboro-

Country reitet, das Lasso schwingend, mit dem er gleich fünf Rinder auf einmal einfangen wird, und so was tolles Englisches drunter steht, von dem er zwar keine Ahnung hat, was es heißt, aber es ist sicher was richtig Männliches, „flavor" hat bestimmt was mit Motorrädern zu tun.

Auf ein Pferd würde er sich zwar niemals selbst setzen, weil das dann doch irgendwie schwuchtelig ist, aber der Marlboro-Cowboy darf das, weil er cool ist und ein Cowboy eben. Wenn er seine Zigaretten raucht, ist er auch so cool wie er. Und weil er so männlich ist und nicht wie irgendeine mentholrauchende Fitnessstudioschwuchtel wegen jeder Packung extra aus dem Haus rennt, kauft er gleich eine ganze Stange männliche Marlboro-Zigaretten, die er sich in seinen Kofferraum legt, in dem dreitausend Stangen männliche Marlboro-Zigaretten Platz hätten, weil er den größten Kofferraum von allen hat.

Ich greife schon mal halb hinter mich in Richtung der Zigarettenstangen, als er cowboymäßig breitbeinig auf mich zuwalkt, und schalte mein Gesicht auf eine minimale Stufe freundlicher. Er ist am Tresen angekommen, räuspert sich männlich und es entsteht eine kurze Pause.

Hey, junge Hippster! Bock auf den totalen Retroflash?
   Klosterfrau Melissengeist gibt's jetzt auch plus Energy. I like!

„Zigaretten?", frage ich. „Nein", sagt er und ich bin überrascht. „Silberfische", sagt er und ich bin noch überraschter. „Silberfische" ist nämlich das Codewort für die Ware, die vom Laster gefallen ist. Ich stelle die obligatorische Gegenfrage: „Wie viele Säcke sollen es denn sein?", und wenn er mit „So viele, wie deine Mutter schlucken kann" antworten wird, weiß er Bescheid und wir sind im Geschäft und das Aufstehen hat sich doch noch gelohnt. Die sogenannte Lasterware bringt ja mehr ein als eine billige Stange Zigaretten. „So viele, wie deine Mutter schlucken kann", sagt er und ich „na, dann wartense mal eben", gehe zur Türe und schließe ab und führe den Typen ins Lasterlager.

Als wir da sind, schaut er sich um und pfeift, richtig männlich, und ich sage, weil er mir sympathisch ist, seit er „Silberfische" gesagt hat, „ja, Sie können aber toll pfeifen" und er nickt zustimmend und kramt in seiner Jacke, holt einen Ausweis raus und sagt „Gewerbeaufsichtsamt" und „das hier ist alles konfisziert" und „Sie werden wohl in den Knast wandern, das ist Hehlerei im ganz großen Stil" und ich weiß irgendwie gar nicht, wie ich darauf antworten soll, und aus lauter Verlegenheit trete ich ihm in die Eier und er fällt um.

Ich schaue ihm ein wenig beim Krümmen zu, nehme ein Brecheisen und schlage seinen Kopf zu Brei. Ich lege eine Decke über seine Leiche, rufe meine Putzfrau an und sage, dass es im Laden was wegzumachen gibt und sie eine Säge und ein paar Alditüten mitbringen soll.

Ich lege auf, gehe in den Laden, öffne die Tür und verkaufe dem nächsten Kunden eine Stange Marlboro-Zigaretten. Meistens liege ich richtig.

Merkwürdige Dialoge: Das Medium

Das Telefon klingelt.
Ich: Ja bitte?
Sie: Du darfst – du wirst heute nicht aus dem Haus gehen.
Ich: Hallo Sofie. Warum?
Sie: Lisa hat von dir geträumt.
Ich: Lisa? Die Verrückte?
Sie: Lisa ist nicht verrückt. Sie ist ein Medium.
Ich: Ich glaube, sie ist eher durch statt medium.
Sie: Darüber macht man keine Witze. Wenn die Anderswelt das mitbekommt … du weißt, was 2001 war!
Ich: Ja, da hat Lisa von einem Flugzeug geträumt. Vor dem 11. September. Ich weiß. Und seitdem spinnt sie.
Sie: Es gibt da Dinge zwischen Himmel und Erde …
Ich: Ich träume JEDE NACHT von einem Flugzeug. Jeder träumt von Flugzeugen. Und jeder träumt ständig davon, irgendwo runterzufallen oder zu schweben. Das ist nix besonderes. Lisa hat noch nie was vorausgesehen. Die gehört in die Klapse. Oder zu AstroTV.
Sie: Und was war mit der Finanzkrise?
Ich: Was war da?
Sie: Sie hat es vorausgeträumt. So indirekt.
Ich: Ach was!
Sie: Sie hat von einem Skiunfall geträumt und von einem reichen Mann. Jetzt stell dir mal so 'ne

schwarze Piste vor, im Profil. Die geht steil nach unten, wie die Aktienkurse.
Ich: Hast du getrunken?
Sie: Du musst das ernst nehmen! Lisa hat gesagt, da war so ein Schatten in dem Traum, und du.
Ich: Die Sonne scheint ja auch heute. Aber ich kann dich beruhigen: Ich wollte sowieso nicht aus dem Haus.
Sie: Nicht?
Ich: Nö. Weshalb denn? Ich hab noch Spaghetti hier. Und einen Wasserhahn.
Sie: Wir waren verabredet!
Ich: Echt? Heute?
Sie: Du bist so ein Arschloch! Dann bleib doch zuhause.
Manchmal hat Lisa eben einfach recht.

Die rote Fee

Der Kalender zeigt einen Birkenwald und den 10. Januar 1972. Die Winterferien sind gerade zu Ende gegangen, herrlich. Herrlich, die Kinder nun wieder in der Obhut der gestrengen Lehrkraft zu wissen statt im Hause herumtobend wie nichts Gutes. Das Kindermädchen ist viel zu nachlässig geworden, man sollte es ersetzen. Ich sitze zigarreschmoofend im Kaminzimmer und überfliege die aktuelle Ausgabe der Qualitätszeitschrift DER SPIEGEL. „Olympiastadt München" ist der Titel, eine Fotografie des futuristischen neuen Stadions die Illustration. Den Trubel können wir hier nicht gebrauchen, wir werden in Urlaub fahren, wenn es so weit ist. Der Inhaltsangabe entnehme ich, dass dieser Böll einen Essay über die Terroristen platziert hat. Wird sicher kein großes Aufsehen machen. Das Mädchen soll endlich den Cognac herbeischaffen! Ich läute es mit der Glocke herbei.

„Der Herr haben geläutet", sagt sie in einer Stimme, die sich weder für sie ziemt noch für sie üblich ist. „Was wünschen der Herr?", fragt sie weiter und verschafft mir Irritation. Ich wende mich vom knospenden Feuer ab und sehe nach dem Mädchen, das gar nicht das Mädchen ist, sondern ein alter Mann mit langem rotem Bart und dem Dienstkleid des Mädchens am Leibe.

„Ich wusste gar nicht, dass wir einen neuen Angestellten haben", begrüße ich ihn süffisant.

„Ich bin kein Angestellter, ich bin eine gute Fee. Ich kann jede Gestalt annehmen, die ich möchte, und heute war mir nach etwas Ausgefallenem ... Steht mir das Kleid?"

„Bringen Sie mir trotzdem meinen Cognac?"

„Nein, ich berichte Ihnen von der Zukunft. Sind Sie an der Zukunft interessiert?"

„Höchstens beruflich."

„Interessant. Erzählen Sie mal von Ihrem Beruf. Was machen Sie den ganzen Tag?"

„Ich betrete das Bureau um acht Uhr 15. Dann bringt die Vorzimmerdame, Frau Druse, meine Post. Postwurfsendungen und Belästigendes sortiert sie vorher stets aus."

„In der Zukunft nennt man das Junk-Filter."

„Im Anschluss erledige ich die Korrespondenz, führe Telefonate, knüpfe neue geschäftliche Kontakte, tausche mich über Neuigkeiten aus."

„Mhhhhm, Facebook."

„Wenn ich einen Brief schreiben möchte, rufe ich Frau Druse und diktiere ihr. Sie notiert in Steno mit und tippt den Brief danach an der Schreibmaschine."

„Eine Art Spracherkennungssoftware. Was kann diese Frau Druse noch? Empfiehlt sie Ihnen Bücher, die Ihren Geschmack treffen? Erinnert sie Sie an den Valentinstag? Leitet sie Verschwörungstheorien an Sie weiter?"

„Ja, das macht sie alles."

„Ein Wunderwerk. Wann machen Sie Feierabend?"

„Schlag 17 Uhr."

„Gestaltet sich Ihr Feierabend anders als Ihre Arbeitszeit?"

„Ja, natürlich."

„Sehen Sie, in der Zukunft ist das ganz anders."

„Ach?"

„Ja! Stellen Sie sich mal vor: ein fließender Übergang von Arbeit zu Feierabend. Sie bleiben auf dem gleichen unzureichend gefederten Drehstuhl sitzen, auf dem Sie vorher acht Stunden lang vor einem Bildschirm gesessen und auf eine Tastatur eingehämmert haben und, jetzt kommt's, Sie hämmern weiterhin auf die Tastatur ein und starren auf den Bildschirm, ABER: Dort sehen Sie jetzt ganz andere Inhalte! It's leisure time.

Sie sitzen nun nicht mehr geschäftlich, sondern vollkommen privat auf dem unzureichend gefederten Drehstuhl, sehen sich Filme an, hören Musik und tauschen sich mit Freunden darüber aus, wie deren Arbeitstag auf deren Drehstuhl vor deren Bildschirm war. Die Freunde können ganz bequem von ihrem Drehstuhl aus antworten – zum Beispiel, indem Sie einen Doppelpunkt und einen Schrägstrich tippen, was Ihnen bedeuten soll:

Ach, so spannend war es heute gar nicht vor meinem Bildschirm auf meinem Drehstuhl, ich habe schon bessere Tage vor meinem Bildschirm auf meinem Drehstuhl erlebt, ABER es gab auch schlechtere, wenn es nämlich der schlechteste von allen gewesen wäre, hätte ich statt des Schrägstrichs eine Klammer-Auf getippt.

Und so versucht man sich dann, gegenseitig zu erfreuen, indem man sich zeigt, was man selbst grade eben von einem anderen gezeigt bekommen hat und was zumindest einer aus der Weitergabekette mal lustig fand, das sind meistens Videos, in denen Leute vorkommen, die gar nicht vor ihrem Bildschirm auf ihrem Drehstuhl sitzen, sondern zu zweit auf einem Sofa ... oder in ihrem Auto ... oder in der, Achtung, in der Fußgängerzone, wo diese Leute eigentlich völlig normale Dinge tun, zum Beispiel mit anderen Leuten reden. Dann blenden sie wieder zurück auf ihre Sofas und sagen, dass die anderen Leute alles Mongos sind und dass sie sie total verarscht haben, Alter, und man selbst sei ja so verdammt abgefahren und durchgeknallt, dass man einfach, ja, fast ohne nachzudenken, nur eben mit Kamera halt, zu dem alten Mann hin ist, voll uncool der, die Hose bis zur Brust hoch und so, haha, und dem was auf Englisch gesagt hat, was er nicht verstanden hat und dann ist das witzig! Zum Schluss habe man ihn noch gefragt, ob er nicht auch finde, man selbst, der einfach fremde Menschen, Achtung Slang, „dumm anlabert und so", ob man also selbst nicht total durchgeknallt wäre. Und er hat gesagt, den letzten richtig Durchgeknallten, den er gesehen hat, der lag neben ihm in Russland im Graben und da käme man nicht ganz ran. Uncool der Typ. Und jetzt Daumen hoch und kommentieren, ihr Assis, das nächste Mal werden die 50 dümmsten Kommentare gezeigt, lol."

Ich bewegte mich auf leiser Sohle zum Humidor, um die weiteren apokalyptischen Ausführungen der bizarren Zukunftsdienstmagd nicht zu verpassen. Sie fuhr aufgeregt fort:

„Da freut man sich dann auf seinem Drehstuhl vor seinem Bildschirm und ist fast geneigt, sich vor lauter Freude mal auf seinem Drehstuhl zu drehen, so dass man den Bildschirm, Gott bewahre, mal für eine oder sieben Drehrunden aus den Augen lässt, währenddessen schon ein Flugzeug in der Ostsee notgewassert sein könnte, und man hätte es wegen der lustigen Drehrunden erst als hundertzwölfter mitbekommen. Nehmen Sie all das und noch ein paar Videos dazu, die man sich noch später ansieht und in denen die Leute keine Klamotten tragen, und Sie haben das Lebensgefühl von, sagen wir mal, 2012. Ist das nicht faszinierend? Haben Sie das alles verstanden, was ich Ihnen gesagt habe?"

„Ich denke ja, aber, sagen Sie mal, was bringt das diesen Leuten in der Zukunft?"

„Nun, die Sinnfrage wurde 1999 abgeschafft, als das Moorhuhn-Spiel auf den Markt kam."

Lehrerfortbildung

Neun Jahre nach meiner letzten Unterrichtsstunde bei ihr sah ich meine Geschichtslehrerin wieder – auf YouTube. Sie sagte „Sonnenkönig" und bekam einen nassen Schwamm ins Gesicht. Unter „ähnliche Videos" fand ich die Szene noch zweimal aus anderen Kameraperspektiven. Zwar kann sie einem leidtun, wenn sie am Ende begossen und hilflos dasteht, andererseits zeigt es auch den Erfolg ihrer Lehrtätigkeit: Es war ihr immer ein großes Anliegen, den souveränen Umgang mit Medien zu vermitteln. Im Filmvorführen war sie schon immer ganz groß, da passt es doch ins Bild, dass sie nun selbst in einem Film vorgeführt wird. Erfolg auf ganzer Linie.

Zufällig habe ich neulich auf Bamberger Universitätsgrund ein Gespräch belauscht. Eine gerade mit dem Staatsexamen beschäftigte Lehramtsstudentin beklagte sich bei einer anderen, dass sie zuletzt im vierten Semester in einer real existierenden Schule unterrichten musste und ihr Studium seither nur noch aus Theorie und Fachinterna bestehe. Wie sie „diese Unterrichtssache" nun konkret angehen werde, sei ihr selbst noch nicht so ganz klar, sie müsse das „mal durchplotten". Sie hoffe einfach, dass die Schüler vernünftig sein werden, interessiert und wissbegierig, immerhin gehe es um ihr Abitur, um die Zukunft, die Chancen im Leben, heutzutage könne sich kein Schüler mehr erlauben blubber blubber blubber Leistungsgesellschaft blubber blubber Disziplinierung durch Noten blubber.

Ihre Gesprächspartnerin nickte eifrig und bestätigte sie fortlaufend, wie es brave Schüler nun einmal tun. Ich ging in der Gewissheit davon, sie wieder zu sehen, wenn ich in ein paar Jahren erneut „Lehrer verarschen" in die Videosuche eingeben würde.

Mit Inbrunst gab ich mich im Anschluss der Phantasie hin, was heutigen Lehramtsstudenten in nicht allzu ferner Zukunft bevorstehen würde.

Ich befinde mich mittlerweile in einem Alter, in dem ich guten Gewissens von „früher" sprechen kann und damit tatsächlich von einer gänzlich anderen Etappe in der Evolution der Menschheit.

Früher also, zu meiner Zeit, damals, kurz nach dem Mauerfall, da war die schulische Hierarchie noch recht festbetoniert. Der Lehrer behauptete etwas, das allein deshalb als feststehende Wahrheit galt, weil er es ausgesprochen hatte. Hier die pralle Wissensinstanz, dort die pubertierenden Gefäße, die mit Bildung gefüllt werden sollten und sie ehrfürchtig aufsogen.

Die Situation ändert sich naturgemäß zu Ungunsten des Lehrkörpers, wenn jede getätigte Aussage binnen Sekunden mit 20 Smartphones und Wikipedia widerlegt und außerdem gleich zur Vorsicht mitgefilmt werden kann, damit man die alltägliche Mittagstischfrage der Eltern nicht umständlich mit Worten beantworten muss:

„Wie war heute der Deutschunterricht, Sohn?"

„Ich hab's aufgenommen, Vater, schau. Ab Minute 5.20 wird es lustig, da kratzt er sich."

Sieht man die ganze Sache positiv, kann man sagen, den zukünftigen Lehrern wird eine viel breitere Öffentlichkeit zuteil. Unterricht findet nicht nur mehr im Klassenzimmer statt. Es winkt der Weltruhm als Internetstar. Der Verzicht auf das Recht am eigenen Bild erfolgt zeitgleich mit der Akzeptanz des Beamtenstatus. Ein ganz großes Plus ist zudem, dass die Schülerrache nun nicht mehr geballt in der Abizeitung erfolgen muss, sondern wohlportioniert und dauerhaft, wovon man als Lehrkörper selbst vielleicht gar nichts mitbekommt.

Die einzige Möglichkeit, einer unfairen medialen Behandlung durch die Schülerschaft zu entgehen, ist nach wie vor die allzeit populäre Kumpelrolle – und der Zuschnitt des Unterrichts auf die Interessen der Schüler. Die Aufmerksamkeitsspanne eines Jugendlichen liegt etwa bei der Länge zweier Werbespots, das ist statistisch erwiesen, sollte aber nicht durch Smartphones kontrolliert werden.

Warum also nicht mal – Justin Bieber – in einen längeren Monolog über Agrarwirtschaft in Usbekistan – Twilight Eclipse – das ein oder andere Schlagwort einstreuen, für das sich die Adressaten auch interessieren – Miley Cyrus?

Oder auch mal ganz plastische Metaphern in den Unterricht einfließen lassen, um dem Stoff etwas Teenie-Leben einzuhauchen. Im Fach Chemie klänge das dann so:

„Also aufgepasst. Bella ist ein doppeltes Wasserstoffmolekül. Sie steht zwischen dem Sauerstoffmolekül Edward und dem Schwefelmolekül Jacob. Jetzt muss sie sich entscheiden. Geht sie zu Edward, dem prüden Vampir, in unserem Beispiel dem Sauerstoffmolekül, dann ergibt sich daraus H2O, Wasser. Nimmt sie aber den muskulösen Teenager-Werwolf Jacob, das ist dieses putzige Schwefelmolekül hier, dann reagieren sie zu H2S, Schwefelwasserstoff. Noch aufregender ist die ganze Chose natürlich, wenn sich Bella einfach noch zwei Filme lang weiter quält und sich nicht zwischen dem Werwolf und der Vampirfamilie entscheiden mag. Bleibt sie so irgendwie mit beiden zusammen, bekommen wir am Ende H2SO4, Schwefelsäure. Also Bella, der Werwolf und vier Vampire. Das erscheint mir, nachdem ich New Moon gesehen habe, übrigens als das Wahrscheinlichste."

Ja, so müsste es funktionieren. Das Lehrerkollegium muss nur davon überzeugt werden, die Popcorn und die BRAVO zwecks Unterrichtsvorbereitung zu abonnieren. Wenn man sich in dem Punkt nicht durchsetzen kann, ist es um die Laufbahn eh nicht sonderlich gut bestellt.

Bleibt zum Schluss nur noch eine Frage offen: Wer tut sich das eigentlich freiwillig an?

Merkwürdige Dialoge: Verhältnisse

Ein renitenter Zuschauer beschwert sich über den überteuerten Eintrittspreis bei einem meiner Slams.
Er: Ich soll da wirklich fünf Euro bezahlen?
Ich: Ja.
Er: Fünf Euro.
Ich: Ja.
Er: Also für zwei würde ich …
Ich: Fünf!
Er: Das ist doch viel zu teuer!
Ich: Rechne das mal runter. Du zahlst pro Text nicht mal 50 Cent. Das ist billiger als bei iTunes.
Er: Ja aber …
Ich: Außerdem rauchst du. Da gibste auch jeden Tag fünf Euro für aus.
Er: Nee, alle zwei Tage. Na gut, manchmal …
Ich: Is doch völlig egal. Aber die Relationen! Ist dir Kultur nix wert oder wie?
Er: Keine fünf Euro.
Ich: Na dann.
Er geht.
Er kommt wieder.
Er: Jetzt bin ich schon mal hier, dann will ich auch rein. Sagen wir für vier.
Ich: Fünf!
Er: …
Ich: Warst du in letzter Zeit mal im Kino?
Er: Ja schon.
Ich: Was haste da gezahlt?
Er: Acht Euro.

Ich: Siehste.
Er: Das war aber auch 3D!
Diesem Totschlagargument hatte ich dann wirklich nichts mehr entgegenzusetzen.

Der Roman

Ich hatte da diese Idee, die Idee zu dem perfekten Roman. Der hatte alles, alles, was man sich wünschen kann. Er hatte Witz, Sex, Action, Esprit, einen Einstieg, der fesselnder und verblüffender nicht sein könnte, und eine unglaublich tiefgehende Handlung. Mehr noch, Handlungsstränge en masse, von denen der Leser am Anfang denkt: „Wo soll das alles hinführen? Was will mir der Autor damit sagen?", bis es irgendwann Klick macht und alles einen Sinn ergibt und er, der ordinäre Leser, sich denkt: „Wow, Hammer, das macht ja alles einen Sinn, ich bin fasziniert." Es ging um Liebe, um Tod, Trauer, Treue, Träume, eben um alle wirklich großen Themen der Literatur, auch um Geschlechtskrankheiten.

Die Idee zum Roman kam mir, als ich auf dem Bamberger Maxplatz ein Pony vor mir stehen sah. Ich erinnere es noch ganz genau: Das Pony stand da, eine Frau mit rotem Hut lief vorüber, ich wurde angesprochen, ob ich mich mal über „dieses Buch hier", die Bibel, unterhalten wolle, der Himmel war wolkenverhangen, ein Fahrradfahrer wurde von älteren Passanten zum Absteigen genötigt, ein gelber Kleinbus quetschte sich gemächlich durch die Massen, ein Hund bellte, das Pony zuckte zusammen, und da, in diesem Moment, kam mir die Idee. Als ob ein Vorhang gefallen wäre, der mir die Erkenntnis bis dahin verschleiert hatte. Plötzlich war alles da: Personen, Handlung, Anfang, Ende, zack bumm, ein Meisterwerk. Ich stand wie festgefroren, gebannt, stunned, wie der Engländer sagt, und in meinem Kopf sponn sich DER Roman des jungen 21. Jahrhunderts zusammen.

Der Roman, dessen man sich schämen muss, ihn nicht gelesen zu haben, ein neuer *1984*, ein neuer *Catcher in the Rye*, ein Coming-of-Age-, Bildungs- und Gesellschaftsroman, der anprangert, ohne den Zeigefinger zu sehr zu schwenken, und dennoch die Welt verändern wird. Ein Roman, für den die Feuilletonisten der FAZ ihre süffisante Arroganz *und* ihre arrogante Süffisanz vollkommen über Bord schmeißen und in wahrer Ehrfurcht eine Lobpreisung verfassen würden, in der Thomas Mann lediglich in der Verbindung mit „viel, viel besser als" vorkommen würde.

Die Idee war da, ich musste sie nur noch festhalten. Ich ließ also das arme zitternde Pony ebenso wie den Kreationisten und die Schnäppchenjäger außer Acht, bahnte mir flugs meinen Weg durch die gemüsekaufende Bamberger Bevölkerung, erstürmte mein Zuhause, setzte mich an den Schreibtisch, googelte mich eben noch selbst und begann dann sofort zu schreiben. Drei Wochen später war ich fertig. Das Ergebnis meiner Arbeit übertraf meine kühnsten Erwartungen. Ja, das war's, der neue *Werther*, nur ohne anschließende Suizidwelle, vielleicht.

Ich druckte das Manuskript dreizehnmal aus und schickte es an Diogenes, Suhrkamp, Fischer, Lübbe, Rowohlt, Eichborn, Aufbau, Kiepenheuer

& Witsch sowie Villeroy & Boch. Das Letzte war eher ein Versehen, die Firma hört sich einfach zu verlagsmäßig an, immerhin bekam ich aber zwei Quadratmeter Terrakottafliesen als Dankeschön zugesandt. Auch die tatsächlichen Verlage geizten nicht mit Rückmeldung. Kaum eine Woche war vergangen, da trafen die ersten überschwänglichen Briefe ein, die mich nach Frankfurt, München, Köln und/oder Berlin einluden, um über die Anzahl der Nullen beim Verlagsvorschuss zu sprechen.

Das persönlichste Engagement zeigte der Suhrkamp-Verlag. Eines Freitagabends klingelte es an meiner Tür, ich öffnete und sah mich Ulla Unseld-Berkéwicz gegenüberstehen, die mich mit einer Magnumflasche Champagner und einem etwas gewagten Outfit von ihrem Angebot überzeugen wollte. Nachdem ich sie ihres Weges gewiesen hatte, nicht ohne das Getränk einbehalten zu haben, dachte ich zum ersten Mal darüber nach, was der Megaerfolg meines Romans eigentlich für mich selbst bedeuten würde. Mein Leben würde sich ganz schön ändern. Gehen wir das einfach mal durch:

Der Roman kommt raus, er landet auf den Bestsellerlisten und macht mich reich. So weit okay. Da gibt es aber noch anderes. Der Verlag wird mir natürlich ein Management zur Seite stellen, das 60 Prozent meiner Einnahmen einstreicht, mir im Gegenzug aber die angesagtesten Lesungen zwischen Braunschweig und Xanten organisiert. Meine Lesereise wird sich über alle deutschen Lande und die angeschlossenen Alpenrepubliken erstrecken. Jeden Abend wird es nach der umjubelten Lesung eine Fragestunde geben, zu der sich auch Literaturwissenschaftler und Deutschlehrer ins Publikum einschleichen, die ihre Interpretationsansätze präsentieren. Es werden Meldungen auftauchen wie:

„Wenn auf Seite zwohundertzwooo", der distinguierte Mann hält inne, um dem interessierten Publikum inklusive mir die Möglichkeit zu geben, auf Seite 202 zu blättern, „wenn also auf Seite zwohundertzwooo, häkhäm, Evenice und Katja Dildosex auf dem Veteranenfriedhof in Washington D. C. haben, lässt sich das auf der Metaebene als Anti-Kriegs-Metapher deuten?" Mir bliebe nichts anderes übrig, als allabendlich zu antworten: „Tja, hmm, das können Sie sehen, wie Sie wollen. Ich fand's nur irgendwie geil."

Im Anschluss an die Lesung würde man sich natürlich mit der Buchhandlungsinhaberin „nett zusammensetzen", um bei einem Gläschen regionalen Weines über die Literatur an sich zu palavern. „Ich fachsimple so gerne mit Autoren", würden sie alle sagen, „wissen Sie, Bücher sind meine große Liebe", nicht ohne hinzuzufügen „ich wohne übrigens allein".

Der SPIEGEL würde hinten im Kulturteil einen Artikel bringen mit einer abgedroschen-plakativen Überschrift wie „Der junge Wilde" und einem Bild von mir, auf dem ich entweder eine lässige Lederjacke tragen oder irgendetwas Gefährliches in die Hand nehmen und sehnsuchtsvoll betrachten soll, eine Handgranate vielleicht, oder das Grundgesetz. Im atmosphärischen Einstieg würde der Satz stehen: „Der Autor kommt zu spät. Es passt zu ihm. Wie sein schludriger Pullover. Er bestellt ein Kaltgetränk. Kein Bier vor vier, sagt er. Es ist zehn Minuten vor vier." Im Mittelteil des Artikels wird wie beiläufig der Satz fallen: „Ritters Sätze gehören in Stein gemeißelt und als Protestnote vor dem Bundeskanzleramt platziert."

Dem nicht genug. Die mediale Aufmerksamkeit wäre plötzlich schrankenlos. Elke Heidenreich wird in ihrem Internetfernsehen zackig die Brille abnehmen, aufsetzen, abnehmen und sagen: „Lesen Sie das. Mir hat's gefallen."

Hellmuth Karasek wird kommentieren: „Es ist ein kluges Buch. Ich habe es verschlungen und meiner Frau empfohlen." Hellmuth Karasek empfiehlt sonst niemals Bücher seiner Frau! Er redet nicht mal über sie. Selbst Reich-Ranicki wird gegenüber seinem Postboten äußern: „Ich nehme dieses Buch an."

Durch meine mediale Omnipräsenz werden Heerscharen von Fans auf mich aufmerksam, hauptsächlich aus der Altersgruppe 16 bis 20½ genau das Klientel also, das für die Sportfreunde Stiller mittlerweile zu anspruchsvoll und für Turbonegro noch nicht reif genug ist.

Schließlich formieren sich Aktionsbündnisse, die aus aller Welt Pilgerreisen in meinen Heimatort antreten, um ganz vielleicht einen flüchtigen Blick durch meine Vorhänge erhaschen zu können. Jedes

Jahr einmal werde ich ans Fenster treten, ein Baby über die Brüstung halten und salbungsvolle Worte sprechen, etwa fünf.

Ja, das wäre schon alles ganz nett, dafür würde es sich lohnen. Aber andererseits: Muss ich mir das wirklich antun? Die geheuchelten Lobpreisungen, die Speichelleckerei? Der Druck, beim Folgewerk noch einen draufzusetzen? Der mediale Hype, der mich noch arroganter macht, als ich es ohnehin schon zur Genüge bin? Wenn das öffentliche Interesse dann irgendwann nachlässt: Depressionen, Alkohol, Drogen, Drogenentzug, eine einfühlende Dokumentation über den Entzug, von Herlinde Kölbl, und irgendwann Dschungelcamp. Muss das sein? Kann das nicht alles Daniel Kehlmann übernehmen?

So dachte ich vor mich hin, das Manuskript vor mir auf dem Tisch, die Word-Datei geöffnet, und als ich so länger darüber nachsinnierte, merkte ich kaum, wie ich das Werk Blatt für Blatt zerriss, den Papierhaufen zusammenklaubte, ihn hinüber in die Badewanne trug, mit Haarspray einsprühte, ein Streichholz ansteckte und ein flauschiges Lagerfeuer entzündete. Obenauf schmiss ich, da ich genau weiß, wie einfach eine gelöschte Datei wieder herzustellen ist, meine flugs ausgebaute Festplatte. So saß ich im Badezimmer, wärmte meine Hände am Feuer, briet mir einen Schaschlikspieß und fasste einen Entschluss. Ich suche mir einen Beruf, bei dem man nicht so leicht abheben kann. Gleich morgen starte ich meine neue Karriere. Als Bodenturner.

Epilog: Schrillen lassen – Bemerkungen zur Poetik

Jede gute Geschichte beginnt damit, dass ein Telefon klingelt. Das sage ich oft auf der Bühne, weil ich nun mal viele Geschichten geschrieben habe, zu deren Auftakt ein Telefon klingelt.

Alles kann nun geschehen. Wer wird es sein, fragen wir uns. Geht er ran, fragen wir uns. Was für ein Telefon ist das überhaupt, fragt sich manch einer.

Um den überraschenden, direkten und dramaturgisch hochwertigen Klingeleinstieg in vollem Umfang auf sich wirken lassen zu können, sollte der Leser selbst Kenntnis darüber besitzen, dass es einstmals stationäre Telefone gab. Mit Wählscheibe und grün und von der Deutschen Post. Die schrillten! Die spielten nicht den *Bolero* oder den *König von Mallorca*. Rückschlüsse auf den gesellschaftlichen Stand des Telefoninhabers waren somit, nebenbei erwähnt, eher schwer zu ziehen. Es schrillte eben.

Dann rückte man im Spiegel die Krawatte oder das Kostüm zurecht, nahm nötigenfalls Korrekturen an der Frisur vor, und schritt zum Apparat, der ein eigenes Schränkchen im Hausflur (fränkisch: Ern [für Kreuzworträtselfreude]) hatte. Sodenn hustete man ab, während man zum Hörer griff, ließ sich auf der Chaiselongue nieder und hauchte zögerlich ein „Hallo?" in die Muschel, um nach der obligatorischen Nachfrage mit einem gefestigten „Am Apparat!" antworten zu können.

Beim Telefonat wurden alsdann wichtige Dinge besprochen und noch wichtigere Termine vereinbart. Unwichtige Telefonate gab es nicht, denn die Telefonie war so teuer, dass man unwichtige Gesprächsthemen entweder auf ein Zufallstreffen hinausschob, sie in einen langen Brief zwischen wichtige Dinge schrieb oder gleich ganz vergaß, nicht umsonst waren sie ja unwichtig. Am Ende des gut zehnminütigen Gespräches, währenddessen man bedeutend und ernst vor sich hinsah, laut und deutlich sprach und seine gebündelte Aufmerksamkeit ganz dem Gehör schenkte (Kinder fielen besonders oft aus dem Fenster oder verbrannten sich schlimm an der Herdplatte, während Mutti konzentriert stationär telefonierte), kamen beide Gesprächsteilnehmer fast zeitgleich zum Höhepunkt, indem sie die eigens und nur zu diesem Zweck kreierte, auf der Welt in diesem Sinne einzigartige Abschiedskonstruktion „Auf Wiederhören!" ausstießen. Welch Zeremoniell!

Ich bitte darum, auch rückwirkend, sich die Fernsprechvorgänge in diesem und meinen anderen Büchern und überhaupt generell auf diese anheimelnde, Ruhe und Souveränität ausstrahlende, antiquierte Art und Weise vor Augen zu führen. Dazu denke man sich das Wählscheibentelefon seiner Großeltern, mit dem man einst mangels ausreichenden Kinderbeschäftigungsmaterials zu spielen genötigt war, wobei man gerne mal mehr als eine

Null vorwählte. Würde ich doch heutzutage so oft in China anrufen, wie ich es im Alter von sechs Jahren getan habe, es gäbe viel mehr Wissenswertes zu berichten. Außerdem entschuldige ich mich an dieser Stelle bei dem Inhaber der heimat-örtlichen Telefonnummer „1234" für wiederholte Belästigung in den Jahren 1988 bis 1990.

Doch zurück zur Fiktion: Natürlich benutzt außerhalb von städtischen Verwaltungseinrichtungen kein Mensch mehr ein Telefon, das mit einer Wand verkabelt ist. Warum? Weil es keinen Sinn macht. Ebenso wie „Sinn machen" statt „Sinn ergeben" mit wenigen Ausnahmen recht problemlos aus dem anglophonen Sprachraum ins Deutsche aufgenommen werden konnte, hat sich auch hierzulande die Erkenntnis durchgesetzt, dass man nicht nur telefoniert, um zu telefonieren, es sich vielmehr mit anderen Tätigkeiten wie Autofahren, Fernsehen, Kochen, Stillen, Googeln, Joggen oder Masturbieren kombinieren lässt. Nicht so in der fiktionalen Bücherwelt, wo festverankerte Telefone weiter munter vor sich hin schrillen und noch lange nicht vom Artensterben betroffen sind.

Ich unterstütze diese Realitätsverkehrung mit aller mir anheim gegebenen Inbrunst.

Ganz ähnlich verhält es sich im Übrigen mit dem Kaffeekochen. Die Lebenswelt der modernen Literatur ist eine gestrige. Was macht die abgearbeitete alleinerziehende Frauenärztin, die nebenberuflich Kleinstadtdetektivin spielt, genauso wie die frisch vergewaltigte Lehramtsstudentin, wenn sie aus der Praxis respektive dem Wald nach Hause zurückkehren? Sie kochen sich einen Kaffee! Man denkt an Bohnen, die per Handarbeit in der Küchenmühle zermahlen werden, einen zerbeulten Topf sprudelnden Wassers und einen Tassenaufsatz aus Porzellan. („Frisch gebrüht", ruft Tante Hildrun vertraut, als sie das Tablett mit Tassen und Kanne auf der Anreiche platziert. Die rotbackige Familie reibt sich die Hände in Vorfreude auf den Wohlgenuss.)

In der schmucklos-grauen, von Kaffeevollautomaten und Senseo-Pads regierten Genussrealität sieht die Sache, leider, leider, ganz anders aus, und wollte man beim Schreiben nicht schwindeln, müsste man es einmal mehr mit einem großen Prediger der Jetztzeit halten und ungeschminkt berichten: Sie drückt den Knopp!

Na dann, auf Wiederhören.

Inhalt

Gefahr! 7
La curieux amitié franco-allemande 13
Frau Mann hat eine Katze 17
Merkwürdige Dialoge: Erziehung.................22
Nordwärts..26
Aquaplaning..35
Shooting 41
Kanarenvögel 42
Nur die Liebe fehlt 48
Merkwürdige Dialoge: Das Drehbuch 55
Lesen unter Bären 60
Ende 66
Merkwürdige Dialoge: Lighter als light 69
Lovely, isn't it? –
Der Besuch der Ami-Damen.........................71
Nur die Wurst..77
Merkwürdige Dialoge: Die Telefonfrau........81
Der Eingebildete 84
Schwerer Gewohnheitsfehler 92
Merkwürdige Dialoge: Das Stuckrad............95
Der Führer...97
Mädchen, da geht's lang.............................. 103
Merkwürdige Dialoge:
Lookalike (mit und für Matthias)................ 109
Publikumsinteraktion 112
Tante Emma must die.................................. 117
Merkwürdige Dialoge: Das Medium 124
Die rote Fee... 126

Lehrerfortbildung 131
Merkwürdige Dialoge: Verhältnisse 135
Der Roman 137
Epilog:
Schrillen lassen – Bemerkungen zur Poetik 144

Im Lektora Verlag erschienen

Patrick Salmen

Distanzen

„Distanzen" entführt Sie in poetische Bilderwelten: Momentaufnahmen voller Gerüche, Farben, Klänge und Atmosphäre. In diesem Buch treffen sie weder auf die großen Helden der Geschichte noch auf die Geschichten großer Helden, vielmehr versucht der Autor den Leser einzelne Stimmungsebenen nachempfinden zu lassen und ihn als Protagonist in seine Geschichten einzubinden. Hier stoßen sie auf die Faszination des Strommastensurrens, auf alte Damen, die mit ihren Regenhauben als Heißluftballons in den Himmel aufsteigen, auf leisen Zweifel und Lautmaler, auf den Zauber des Geschichtenerzählens, auf Zwischenrealitäten und Zugvogelforscher. Der Autor entführt den Leser an Telefonzellen, Bushaltestellen, Flughäfen oder Feldwege und lässt ihn die seltsam schöne Faszination spüren, die diesen Orten anhaftet.

In prosaischer und lyrischer Form erzählt Patrick Salmen die Geschichten der kleinen Helden.

ISBN 3-938470-60-7
€ 9,90

www.lektora.de

Im Lektora-Verlag erschienen

Anke Fuchs

rasendlangsam

Tiefsinnig und einfühlsam, aber immer auch nüchtern-realistisch beschäftigt sich die erfolgreiche Poetry Slammerin und Moderatorin Anke Fuchs auf ihrer ersten CD mit Fragen und Situationen, die jeder kennt. Es geht um verpasste Chancen, weil man nichts sagt, um die Schwierigkeit, loszulassen, und darum, was eigentlich glücklich macht.

Unter den 11 Tracks finden sich Klassiker wie „Halt mal still Welt", „Von zuhause mitnehmen" und „Abstand", die Fans schon von Auftritten kennen, es gibt aber auch einige neue, unbekannte Stücke wie „Aussicht".

Die Texte, eine Mischung aus Kurzgeschichten und melodisch Gereimtem, machen nachdenklich, denn sie erlauben einen Perspektivwechsel, einen Blick hinter den Vorhang des Alltäglichen. Danach erscheint nichts mehr so, wie es war und vieles anders, als es scheint. Aber das macht nichts, denn wenn wir auf Reisen gehen, so wie Anke Fuchs es uns empfiehlt, dann haben wir das Beste sowieso immer dabei.

ISBN 3-938470-62-3
€ 10,00

www.lektora.de

Im Lektora Verlag erschienen

Armin Sengbusch
aka „Schriftstehler"

geh doch ins Licht

„Der vielseitige Hamburger Künstler schaffte es mit seinen lyrisch hochwertigen, kraftvollen und doch zerbrechlichen Versen, das Publikum in sechs Minuten wachsen zu lassen."

„Aha-Poesie in Bildern, die im Herzen nicht aufhören zu sein."

Kieler Nachrichten

ISBN 3-938470-48-8

€ 9,90

www.lektora-verlag.de

Im Lektora-Verlag erschienen

Sebastian 23

Ein Kopf verpflichtet uns zu nichts

Sebastian 23 ist einer der bekanntesten und erfolgreichsten Poetry Slammer Deutschlands und trägt eine Mütze.
Seit 2003 hat er sich dieser Form der live vorgetragenen Literatur verschrieben und ist damit im gesamten deutschsprachigen Gebiet aufgetreten, u. a. bei der Frankfurter Buchmesse, im Schauspielhaus Hamburg und im Berliner Admiralspalast.
2008 wurde er deutschsprachiger Meister und Vizeweltmeister im Poetry Slam, gewann die renommierte St. Ingberter Pfanne und den Prix Pantheon, trat bei TVTotal, Nightwash und im QuatschComedyClub auf und ist zudem nominiert für den Literaturpreis des Landes NRW.
Außerdem erlangte er bei einer Aral-Tankstelle in der Nähe von Büttelborn vier Bonuspunkte beim Erwerb eines Schokoriegels.
Seine Texte sind in zahlreichen Anthologien veröffentlicht (u. a. bei Reclam und S. Fischer) und sein Debüt-Buch „Ein Kopf verpflichtet uns zu nichts" erschien Ende 2008.
Und seit 2009 geht er mit seinem ersten Solo-Programm auf Tour. Es heißt „Gude Laune hier!" und es handelt von den Tücken, mit denen man als Dichter und Philosoph so im Alltag zu kämpfen hat.
Zum Beispiel Kaffee.
Und Mützen.
Und Wiederholungen.

ISBN 3-938470-20-8

€ 12,80

www.lektora-verlag.de